HISTOIRE

POLITIQUE, ANECDOTIQUE ET LITTÉRAIRE

DU

JOURNAL DES DÉBATS.

HISTOIRE

POLITIQUE, ANECDOTIQUE ET LITTÉRAIRE

DU

JOURNAL DES DÉBATS.

PAR

M. Alfred Nettement.

Tradidit mundum disputationibus.
(ECCLES...)

TOME SECOND.

PARIS.

AUX BUREAUX DE L'ÉCHO DE FRANCE,
345, RUE SAINT-HONORÉ.

1838.

IMPRIMERIE D'ÉDOUARD PROUX ET Cⁱᵉ
rue Neuve-des-Bons-Enfans, 3.

CHAPITRE XIV.

CHAPITRE XIV.

Sommaire : Ligne suivie par le *Journal des Débats* pendant les premières années de la Restauration.—Sa politique. — Le ministère Decazes. — Sa tendance funeste. — — Les royalistes calomniés par le pouvoir. — Conspiration du bord de l'eau. — Le ministère comprime la presse monarchique. — Le *Journal des Débats* voit renaître les temps de la censure. — Sa politique émigre au *Conservateur*. — Le *Conservateur* fut le *Journal des Débats* de cet interrègne de la liberté de la presse. — MM. de Châteaubriand, de La Mennais, de Bonald. — L'assassinat de M. le duc de Berry renverse le ministère Decazes. — Le *Journal des Débats* flétrit ce ministère. — Sa douleur toute royaliste de la mort du duc de Berry. — Comment il parle de cette mort. — Comment il devait en parler onze ans plus tard. — Naissance de Henri-Dieudonné. — Hymne d'allégresse *des Débats*. — Curieux passages relatifs à cette naissance. —Avènement du ministère de M. de Villèle. — Le talent royaliste du *Journal des Débats* atteint tout son développement, et sa renommée tout son éclat. — Une scission fatale éclate dans le conseil.

Nous avons donné assez d'étendue aux premières périodes de l'histoire du *Journal des Débats*, pour en renfermer la fin dans des limites plus étroites et la présenter sous une forme plus concise. L'esprit de cette feuille est maintenant connu. On sait qu'elle est la personnification de cet égoïsme individuel funeste aux intérêts généraux, de ces timides complaisances pour le fait, qui sont des injures pour le droit. Son enthousiasme pour la légitimité a éclaté, il est vrai, mais c'est le lendemain du jour où la légitimité a eu un retour de fortune. Le *Journal des Débats* qui, en 1805, lorsque les Bourbons étaient en exil, les proclamait dangereux et impossibles, les voyant rentrer aux Tuileries, les déclara nécessaires et promit l'immortalité à leur dynastie. Il y a peut-être plus de constance qu'on ne le croit dans ces variations; à travers toutes ses infidélités, le *Journal des Débats* a toujours été fidèle à la fortune.

Pendant les premières années de la restaution, il demeura constant dans les sentimens qu'il avait exprimés après les Cent-Jours. Il jouissait en paix de son immense réputation littéraire, à laquelle la plume des publicistes royalistes avait ajouté une réputation politique. Le

Journal des Débats était devenu le journal des principes en matière de gouvernement comme en matière de littérature. De toutes les feuilles périodiques, c'est celle peut-être où l'on trouve les plus belles théories de la légitimité, c'est celle qui a le mieux établi que, dans l'histoire des peuples, l'usurpation est presque toujours une honte, toujours un fléau. C'est ainsi que la feuille dont nous parlons traversa les temps difficiles de l'établissement du pouvoir royal, et les ministères orageux qui aggravaient, par leurs fautes, les difficultés naturelles de la situation.

Ces fautes, nous avons dit ailleurs jusqu'où elles allèrent. Le pouvoir était tombé dans les mains d'un jeune ministre que la bienveillance marquée de Louis XVIII avait élevé au premier poste de l'État. La fortune de M. Decazes avait été aussi prompte que grande. Il était arrivé, à l'âge où d'ordinaire on part, et la faveur royale, comblant toutes les distances, avait rapproché, en peu d'instans, son obscurité des honneurs, son inexpérience du pouvoir. Dans ce poste important, M. Decazes fut l'instrument d'un système dont il se crut l'inventeur. On lui répéta que son ministère n'avait rien à craindre des hommes de la révolution, car ce n'était pas du sein des opinions de la gauche qu'il pouvait voir sortir l'héritier de sa puissance; tandis qu'il avait tout à craindre des hommes de la droite, candidats naturels désignés au choix de la couronne par leur dévoûment et leurs services. On en concluait qu'il valait mieux s'appuyer sur la gauche que sur la droite. Les hommes qui donnaient ce conseil étaient ceux qui avaient tenu les affaires, soit pendant la révolution, soit pendant l'Empire. Ils craignaient que la restauration, devenant trop forte, ne leur échappât, ils voulaient donc que la révolution conservât de la vie en France; ils en avaient besoin comme d'un épouvantail, pour contraindre la royauté à respecter leurs positions, comme d'un brûlot pour faire sauter le trône, si le trône s'affranchissait de leur influence.

C'est alors que commença cette politique dont

les conséquences devaient être si déplorables. On vit les amis du roi ennemis du ministère, et le ministère prit peu à peu, pour amis, les ennemis du roi. Chacun sait jusqu'où ce système fut poussé, et l'on n'a point oublié cette conspiration du bord de l'eau, dans laquelle on enveloppa tant de noms royalistes. Ces accusations, qui n'étaient que ridicules, eurent des suites incalculables. Les masses durent penser qu'il fallait que les projets, prêtés aux hommes monarchiques par la calomnie de leurs adversaires, fussent réels, pour que le prince les éloignât de sa faveur et de ses conseils. D'un autre côté, les révolutionnaires, appuyés par un ministère royal, purent lever la tête. Ils cessèrent d'effrayer quand ils furent présentés au pays par la main de celui qui tenait le pouvoir. Comment croire que l'homme d'état qui jouissait de la haute confiance du trône pût marcher avec des hommes qui eussent été ses ennemis? Il s'établit, à cette époque, une confusion qui devait être fatale : la confusion des intérêts nouveaux, qui voulaient seulement exister, et des haines révolutionnaires qui voulaient tuer la monarchie. Celles-ci, qui n'avaient pour elles ni le nombre ni la force, se cachèrent désormais derrière ceux-là et parvinrent à les alarmer. De sorte que, par suite, ces intérêts attaquèrent en croyant se défendre, et s'enrôlèrent sous le drapeau des passions politiques sans savoir où on les conduisait. En vain dira-t-on que la royauté, étant représentée par ce ministère qui tendait la main à la révolution, ne devait point encourir la solidarité des soupçons et des ressentimens qu'on excitait contre les royalistes. Il y avait un instinct profond qui avertissait tout le monde que, par une pente inévitable, la royauté reviendrait, tôt ou tard, à ses amis naturels. On cherchait donc à l'affaiblir pour ne la leur céder qu'impuissante et désarmée, et le poids des soupçons et des défiances que le ministère de M. Decazes jetait sur les hommes monarchiques, remontait vers le trône, parce que chacun savait qu'un jour viendrait où le trône s'appuierait sur eux.

Si l'on veut se rappeler la situation difficile que la royauté avait alors devant elle, ces intérêts nouveaux qu'il fallait concilier avec les intérêts anciens, tant de motifs de divisions qu'il fallait éviter d'aggraver, tant de souvenirs qui pouvaient se changer en rancunes, tant de passions encore émues, on avouera que le système politique que nous venons d'esquisser devait tout perdre, comme il a tout perdu en effet. Il y avait plus qu'un tort, il y avait un crime dans cet égoïsme ministériel qui sacrifiait l'avenir de la monarchie pour prolonger de quelques instans sa propre existence.

Ce ministère coupable craignait que la vérité n'arrivât jusqu'à l'oreille du prince ; il mit un sceau sur les lèvres qui pouvaient parler. La censure lui fit raison de la presse monarchique, et le *Journal des Débats* vit renaître ces temps de servitude qu'il avait connus sous l'Empire. C'est dans le *Conservateur*, qui parut à cette époque, qu'il faut chercher la politique royaliste. Le *Conservateur* était comme une émanation du

Journal des Débats. Les hommes qui étaient venus apporter à cette feuille, au commencement de la restauration, le secours de leur intelligence puissante et l'éclat d'une renommée sans tache, ces hommes transférèrent leur drapeau dans l'asile où il leur était encore loisible de l'arborer.

Là régnaient M. de Châteaubriand avec sa parole semblable à un sceptre; M. de La Mennais, qui préludait par d'éloquens articles à son grand ouvrage de l'*Indifférence*; M. de Castelbajac, si spirituel et si fin; M. Clausel de Coussergues avec son esprit sérieux et son érudition profonde; M. de Bonald avec l'autorité de sa haute pensée, et tant d'autres hommes qui reclassèrent, dans l'opinion, les royalistes que la loi des cent écus avait déclassés dans les colléges électoraux. C'était aussi là que M. Fiévée, que nous avons vu présider à l'une des périodes retracées dans cet ouvrage, écrivait ces articles à la fois pleins de raison et de sel, si redoutés du ministère de la bascule. Nous l'avons dit, l'histoire politique des *Débats*, à cette époque, c'est dans le *Conservateur* qu'il faut la chercher. Les articles qui n'auraient pu paraître dans la feuille soumise à la censure, paraissaient dans le recueil qui, par la nature de sa publicité, échappait à cette loi du silence établie sur la presse périodique. Le *Conservateur* était le *Journal des Débats* de cet interrègne de la liberté de la presse, *Journal des Débats* plus noble et plus pur, glorieuse transfiguration, exempte des taches du passé de la feuille dont nous écrivons l'histoire, comme des taches qui devaient encore souiller son avenir.

Il fallait un coup de tonnerre pour faire tomber le système qui conduisait la monarchie à sa perte, ce coup de tonnerre sortit de la nuit du 13 février. Rendu à la liberté, le *Journal des Débats* parla de cet événement comme le *Conservateur* en avait parlé. Toutes les douleurs des royalistes retentirent dans ses colonnes; sa pensée sembla, pendant long-temps, trempée dans les sombres couleurs du deuil. Il attaqua la révolution sans ménagement, sans détour. Il avait vu la main qui tenait le poignard, s'était écrié un de ses écrivains(1), c'était une idée libérale. Il montra, avec une éloquence incomparable, les conséquences sanglantes qui se remuent au fond des principes de la révolution, et l'on eût dit que la lueur des flambeaux funéraires qui entouraient le cercueil d'un fils de France enlevé avant l'âge, se reflétant dans ses colonnes, jetait sur la situation d'effrayantes clartés.

Cette époque est celle où le *Journal des Débats* est à l'apogée de sa gloire. Il réunit alors tous les genres de mérite. Sa politique marche de pair avec sa littérature. Il n'établit point des principes en philosophie pour les laisser fléchir dans les vivantes applications de l'histoire. La mort de Mgr le duc de Berry, autour du tombeau duquel il agenouille ses tristesses ; le berceau de Henri-Dieudonné, qu'il environne de ses espérances ; le ministère royaliste de M. de Villèle dont il salue l'avènement : voilà les trois

---

(1) M. Nodier.

faits successifs à l'occasion desquels le talent du journal royaliste atteint tous ses développemens, et sa renommée tout son éclat. Il semble désormais analogue à lui-même, conséquent, homogène. Les ombres qui défiguraient sa réputation sous l'empire, les lignes courbes de la servitude qui gâtaient la rectitude des lignes de sa logique, tous ces défauts, tous ces inconvéniens ont disparu. Ce n'est pas seulement le fait matériel du pouvoir qu'il défend dans la restauration, il veut le droit dans le pouvoir et le pouvoir dans le droit. Il s'est élevé de la superstition de la force physique à la religion de la puissance morale. Il ne baise plus la poignée d'un sabre, comme symbole de l'ordre social, mais il s'incline devant l'autorité d'un principe, et c'est ce principe qu'il salue dans le berceau d'un enfant.

On comprend que si nous ne citons point un volume de preuves à l'appui de notre assertion, ce n'est point que les preuves nous manquent. Il suffit de se baisser pour ramasser, dans les colonnes du *Journal des Débats*, des citations à remplir des livres. Les vers répondraient à l'appel aussi bien que la prose.

Il disait le 29 septembre :

« Voici la troisième fois, depuis deux siècles,
» que Dieu, par un miracle de son amour, si-
» gnalant sa glorieuse prédilection pour l'auguste
» famille qu'il plaça sur le trône de France,
» permet que la tige sacrée des Bourbons se
» relève et se ranime, alors qu'elle paraît abat-
» tue pour jamais, et fait sortir son salut de sa
» perte même. Inconcevable destinée de la plus
» antique monarchie de l'Europe ! Elle renaît
» et se perpétue au moment où elle semblait
» disparaître : c'est du sein des tombeaux qu'elle
» rappelle sa vie et sa force ! Henri-Charles-
» Ferdinand-Marie-Dieudonné, duc de Bordeaux,
» est né !... »

Il s'écriait le même jour :

« Pour vous, jeune Enfant, objet de tant
» d'amour et de vœux, puissiez-vous avoir les
» qualités aimables de votre père, sa bonté, sa
» bienfaisance et son affabilité ! Mais puisse votre

» destinée être plus heureuse ! Vous nous appa-
» raissez dans nos orages politiques, comme
» l'étoile apparaît en dernier signe d'espérance
» au matelot battu par la tempête ; qu'autour
» de votre berceau viennent se rallier les gens
» de bien ! contre ce berceau sacré, que tous
» les complots des méchans viennent échouer !
» Croissez pour imiter les vertus de la noble
» famille qui vous entoure ! Croissez pour con-
» soler une mère qui vous a conçu dans la
» douleur ! Croissez pour rendre heureux un
» peuple qui vous reçut avec tant de joie et d'es-
» pérance ! »

Puis, le lendemain, c'était Madame la duchesse de Berry qui excitait ses transports :

« Princesse qui faites l'admiration du monde,
» disait-il, comme vous êtes l'amour de la
» France, comme votre fils en est l'espoir, la
» Providence a comblé vos désirs et les nôtres,
» et les témoignages de l'allégresse générale ne
» laisseront point les cris des factions arriver
» jusqu'à vous. Ils viennent se perdre et expirer

» auprès de votre fils. Et quel homme, s'il n'a
» une ame de boue ou un cœur de rocher,
» pourrait contempler sans émotion ce courage
» sublime qui, pour l'accomplissement de vos
» hautes destinées, vous élève au-dessus de
» toutes les craintes, vous fait triompher de
» toutes les douleurs, vous inspire une confiance
» surnaturelle, vous communique une force su-
» périeure à votre sexe, à votre âge et à vos
» malheurs! Epouse infortunée, aujourd'hui mère
» auguste et adorée, ministre des décrets ac-
» tuels de la Providence qui veille sur vous et
» autour de vous, vous vivrez pour un fils sur la
» tête duquel repose l'avenir de la France. »

Vous entendez : c'est le *Journal des Débats* qui écrivait que, pour ne point admirer la mère de Henri-Dieudonné, il faudrait avoir une ame de boue !

Puis il continuait :

« La race des fils de Saint-Louis ne périra
» pas; fruit de nos larmes et de nos prières, un
» auguste enfant vient adoucir nos regrets et

» assurer les destinées de la France. Qu'il gran-
» disse, ce prince, notre consolation et notre
» espérance ! Qu'il joigne au cœur franc et loyal
» de son père, au sublime courage de sa mère,
» les vertus de St.-Louis, la valeur de Henri IV,
» la fermeté de Louis XIV ! »

Il ajoutait encore, car, dans ce temps-là, le *Journal des Débats* était catholique :

« Il y a près de deux siècles, Louis XIII for-
» ma un vœu solennel pour obtenir de la bonté
» divine un digne successeur : ce vœu fut exaucé.
» La France d'aujourd'hui, non moins heureuse,
» depuis neuf mois, le cœur gros tout à la fois
» de regrets et d'espérances, ses mains sup-
» pliantes tendues vers le ciel, lui demandait
» un prince... Et la France aura un second
» Louis XIV ; l'heureuse France par lui verra
» renaître le grand siècle !

» O France, objet des plus chères affections
» de ton Roi, sois donc enfin heureuse ! il te
» suffirait de le vouloir. Après tant de malheurs,
» de désastres dans tous les temps éprouvés et

» toujours réparés, tu ne saurais périr; Dieu
» veille à ton bonheur, il te traite en enfant de
» sa prédilection, il t'a rendu et te donne encore
» des Bourbons! Oui, tu seras la nation éternelle,
» si la Providence, exauçant nos vœux, daigne
» éterniser la dynastie de Saint-Louis! »

Après ces élans de reconnaissance, venaient les conseils de la raison politique :

« Loin de nous la pensée funeste d'empoi-
» sonner le bonheur présent par de sinistres pré-
» dictions et d'inutiles alarmes. Mais n'imitons
» pas ces matelots qui, long-temps battus par
» l'orage, s'endorment sur la foi d'un calme trom-
» peur et périssent par leur sécurité. Nous
» aussi réjouissons-nous, mais que notre joie
» ne soit pas une confiance imprudente. Et com-
» ment en effet pourriez-vous être un instant
» sans crainte et sans vigilance? Un parti mena-
» çant ne conspire-t-il pas sans cesse la ruine du
» trône où doit monter le prince qui vient de
» nous être donné ? Un parti n'avait-il pas même
» juré la mort de ce jeune enfant avant qu'il

» n'eût vu la lumière? Ce parti est-il renversé?
» L'ombre du duc de Berry n'est-elle pas là
» pour nous avertir qu'il faut veiller sur le ber-
» ceau du duc de Bordeaux?... »

« Prince, objet de tant de vœux et d'es-
» pérance! sous quels auspices venez-vous au
» monde! Vous fûtes conçu dans la douleur
» et vous naissez dans la joie publique! Vous
» naissez environné de sujets fidèles, menacé
» par des ennemis implacables ; croissez donc
» pour le salut des uns et pour la ruine des
» autres! Les deux plus illustres de vos aïeux
» vous apprendront comment il faut récompen-
» ser ses amis et triompher de ses ennemis
» Henri IV vous montrera ce que peut la clé-
» mence, quand ce n'est pas de la faiblesse ;
» Louis XIV, ce que peut la fermeté, quand ce
» n'est pas de la rigueur. Que votre règne soit
» aussi paternel que celui du premier, aussi
» long que le règne du second! De votre père
» adoptif, de celui qui vous regarde comme la
» plus grande consolation de sa vieillesse et de

» ses malheurs, vous apprendrez par quelles
» heureuses institutions on peut faire entrer la
» liberté des peuples dans le pouvoir royal;
» enfin ajoutez le miracle d'une vie heureuse
» pour vos sujets et glorieuse pour vous, au mi-
» racle de votre naissance! »

Onze ans après le 13 février 1820 (le 13 février 1831), le même *Journal des Débats*, qui avait déploré avec tant de douleur et tant d'indignation la mort de M. le duc de Berry, devait jeter à son tombeau ces dédaigneuses paroles:
« Chacun a ses morts, chacun a ses douleurs;
» les uns ont Borie, les autres ont le duc de
» Berry. »

Il y a un peu loin de ce langage à celui que tenait, tout à l'heure, le *Journal des Débats*, lorsque, changeant sa politique en hymne de douleur, il pleurait, le 13 février, ou lorsqu'éclatant, le 29 septembre, en chants d'allégresse, il déclarait que cette naissance royale fermerait pour jamais le gouffre des révolutions qu'il a contribué depuis à rouvrir, et jurait de vivre et de mourir, s'il était nécessaire, pour celui dont aujourd'hui il n'oserait pas même prononcer le nom (1).

On éprouve je ne sais quelle pudeur à confronter l'expression de ces sentimens avec les sentimens nouveaux exprimés aujourd'hui dans la même feuille. Il semble que ces louanges et ces promesses de dévoûment, si bien démenties depuis par les faits, insultent les princes auxquels elles s'adressaient. Cette prostitution de la parole humaine, ce même nom au bas de professions de foi si différentes, ce sont là de tristes objets d'étude, un spectacle dont on détourne un front couvert d'une honnête rougeur.

Henri-Dieudonné, en naissant, avait rendu à l'opinion royaliste une partie de sa force, et la mort de Mgr le duc de Berry avait jeté une triste lumière sur les horreurs que la révolution cou-

(1) « Cet enfant est l'enfant de la France. Oui, il est à nous cet enfant royal. Jurons de vivre et de mourir pour lui si c'est nécessaire.... Que les ennemis de la légitimité frémissent de leur impuissance ! »

vait dans son sein; ce fut sous l'influence de ces deux événemens que se dessina la situation qui amena le ministère de M. de Villèle aux affaires. Le *Journal des Débats* salua de longues acclamations l'avènement de ce cabinet qui réalisait tous ses vœux. Il l'appuya dans toutes ses mesures, le soutint dans toutes ses entreprises, et il semblait que désormais il eût atteint le but de ses longs efforts et le terme de ses espérances tant de fois déçues. La guerre d'Espagne, faite malgré l'Angleterre, qui, avec son arrogance accoutumée, avait presque mis au défi le gouvernement français de faire entrer en campagne une armée, cette guerre avait donné à la monarchie cette armée qui lui manquait. Tout semblait prospérer à la maison de Bourbon et à la France, et l'on pouvait espérer un de ses longs ministères qui mettent de la suite dans les desseins des princes et dans la conduite des entreprises politiques, lorsqu'on vit éclater dans le conseil cette funeste scission qui commença la ruine de la monarchie.

CHAPITRE XV.

Sommaire : L'histoire politique du *Journal des Débats* un moment interrompue. — Mouvement littéraire auquel le journal prit part. — Les classiques et les romantiques.— Nécessité de poser quelques principes pour expliquer l'avènement de la nouvelle école. — Période des faits et période des idées. — Nullité de la littérature sous l'Empire. — Où était la poésie à cette époque. — Changemens produits par la Restauration. — La nouvelle école se présente. — Elle veut réformer le théâtre. — Circonstances qui avaient jusque là retardé cette révolution dramatique. — Talma. — Son talent. — Sources auxquelles il avait puisé ce talent. — Sa mort est le signal de la révolution. — Argumens de la nouvelle école. La tragédie du XVIIe siècle venant d'Athènes. — Projet d'un théâtre national. — La nouvelle école se divise en deux classes. — Les ardens et les prudens. — Passions des premiers, raisonnement des seconds. — Modifications proposées dans la langue poétique. — Retour à l'ancienne liberté de la langue française. — Position prise par le *Journal des Débats*. — Hoffman et M. Victor Hugo. — Objections à la théorie des romantiques. — Résumé et conclusion. — Les rebelles à Aristote sont en général fidèles au roi de France. — Les fidèles à Aristote sont dans le camp révolutionnaire. — Explication de cette contradition apparente.

Nous allons interrompre ici l'histoire du *Journal des Débats*, pour dérouler le tableau de l'histoire de la littérature pendant la restauration. La feuille dont nous retraçons les destinées a toujours été mêlée au mouvement des idées; ainsi le sujet que nous allons traiter se rattache au moins indirectement à cet ouvrage : or, ce fut précisément à l'époque où nous sommes arrivés, qu'une nouvelle école littéraire venant à se présenter, on vit commencer ces querelles des classiques et des romantiques qui remplirent les dernières années de la monarchie, et auxquelles le *Journal des Débats* prit part, ainsi que tous les journaux. A quelle cause faut-il attribuer l'apparition de cette nouvelle école? Pourquoi prit-elle date dans ce temps plutôt que dans tout autre? Quel était son caractère et quelle est sa signification historique? C'est ce qu'il ne sera pas inutile de dire ; mais, pour mettre cette question dans tout son jour, il importe de poser quelques principes généraux qui dominent la matière, et qui nous aideront à voir clair dans ce curieux chapitre de notre littérature.

Il y a, dans Napoléon couronnant une vie

d'une activité inouie, en écrivant son *Mémorial* dans l'immobilité de Sainte-Hélène, une belle image de ce siècle, et peut-être un symbole d'une loi qui régit l'humanité. En sortant du règne de l'action on entre dans celui de la pensée. Les époques, après avoir long-temps supporté la chaleur du jour, s'arrêtent, se recueillent et se reposent de leurs fatigues par le travail de l'intelligence. Ainsi vint le siècle d'Auguste, après les bouleversemens et les catastrophes de l'âge précédent; ainsi parut le siècle de Louis XIV, après les déchiremens de la Ligue et le tumulte de la Fronde, car les guerres extérieures n'empêchèrent point cette période d'être calme et reposée. Le mouvement militaire, surtout dans la première partie de ce règne, fut particulier à la noblesse, et il délivra même la société de cette agitation aristocratique qui l'avait troublée si long-temps. Ce mouvement, réglé et méthodique, ne ressemblait en rien à cette fièvre belliqueuse qui, pendant le consulat et l'Empire, jeta la France armée sur l'Europe.

Alors la société tout entière suffit à peine à défrayer le champ de bataille. L'activité de tous les esprits se porta vers le même point : la guerre. Il n'y avait qu'une illustration véritable, celle de l'épée ; qu'une carrière ouverte devant les hautes intelligences, celle des armes. Les épopées, les odes et les drames de ce temps, c'étaient Austerlitz, Iéna, Marengo, Wagram, Friedland, les Pyramides ; drames tout retentissant de la grande voix du canon ; épopées couronnées, comme le Sinaï, de tonnerres et d'éclairs ; odes qui s'élevaient vers le ciel au milieu des grenades écarlates et des bombes enflammées. L'épopée napoléonienne remplissait l'Europe de ses majestueuses harmonies, et les douze maréchaux, ces rapsodes de la gloire, s'en allaient de combat en combat, éparpillant dans tout l'univers les chants de cette victorieuse Iliade.

L'Empire n'avait donc point eu, à parler exactement, une littérature qui lui fût propre ; cela est si vrai que, pour trouver de grandes renommées littéraires, il faut chercher parmi ceux qui, à cette époque, se tenaient en dehors de l'influence de l'Empereur, ou luttaient contre cette influence. Il ne viendra à l'idée de personne de comprendre M. de Châteaubriand, M. de Bonald, M. de Maistre, madame de Staël, M. Michaud, M. Benjamin-Constant dans la littérature impériale. Ces esprits d'élite n'avaient point de place dans cette machine à compartimens qu'on appelait l'Empire. Napoléon ressemblait à ces comètes puissantes qui enveloppent tout ce qui les approche dans leur tourbillon; pour conserver son individualité intellectuelle, il fallait se tenir à distance; son génie avait quelque chose de cette fascination brûlante de l'Etna qui entraîna Empédocle dans ses précipices de flammes. Dès qu'on se penchait sur le bord de cette vaste pensée, on se sentait attiré dans ses profondeurs, et on lui était comme assimilé par la lave bouillante qu'elle roulait dans son sein. Ce qu'on appelait la littérature impériale, c'était un pâle reflet de l'école du dix-huitième siècle, moins cette verve de destruction qui fut sa force et qui fit sa gloire; c'était quelque chose de poli et de froid où l'esprit prenait la place du génie, et le savoir-faire celle du talent. En vérité, dans l'uniformité de ces voix qui, d'un bout du royaume des lettres à l'autre, se parlaient et se répondaient avec des souvenirs d'études et des échos de pensées, il y avait quelque chose de la monotonie du roulement du tambour. La discipline qui régnait partout s'était introduite chez les écrivains. Quand nous regardons, du point où nous sommes, cette littérature, nous en trouvons l'alignement irréprochable et l'ordre de bataille parfait; l'intelligence aussi s'était enrôlée et elle avait appris à observer la consigne.

Ce fut la royauté qui, en rentrant en France, changea cet état de choses. La paix succédait à la guerre, le génie de l'Empire, semblable à ces divinités d'airain rougies par le feu, qui, à Carthage, pressaient dans leurs bras enflammés l'élite des enfans, le génie de l'Empire ne dévorait plus la fleur des générations nouvelles. La pensée dictatoriale de l'Empereur qui, à elle seule, tenait toute la place et ne souffrait le voisinage d'aucune autre pensée, avait cessé de régner. Il y eut alors comme un mouvement d'expansion chez les esprits délivrés du poids de ce sceptre qui avait écrasé toute leur liberté et rabattu tout leur élan. La nouvelle génération, ne trouvant plus sa poésie sur les champs de bataille, la chercha dans les lettres. Aux épées aventureuses qui avaient demandé à la guerre une vie d'émotions et un nom glorieux, succédèrent d'aventureuses plumes qui demandèrent cette vie et ce nom à la littérature; de sorte qu'au moment où nous cessions de faire des conquêtes en Europe, nous commençâmes à en tenter dans le monde des idées.

Ce fut surtout vers le théâtre que se dirigea le mouvement des esprits, parce que c'est par là que les noms font brèche le plus vite et le plus facilement pour entrer dans la gloire. Or, il faut l'avouer, quand ces esprits jeunes et vigoureux tournèrent leurs regards vers le théâtre, ils le trouvèrent dans un état de décrépitude et de décadence qui dut les engager à se jeter dans de nouvelles voies.

Si l'on avait pu s'abuser encore quelque temps sur la décadence de l'art et sur les destinées de la tragédie, c'est qu'il y avait alors, sur la scène française, un homme qui, nourri des grandes traditions et créateur lui-même, refaisait, pour ainsi parler, toutes les pièces qui lui avaient été confiées. Cet homme était arrivé à cette limite extrême où le talent s'arrête et où commence le génie. Placé dans des circonstances extraordinaires qui l'avaient fait vivre dans l'intimité d'une révolution et d'un empereur, il profita, dans l'intérêt de son art, du privilége inouï de sa position. Talma racontait souvent qu'il avait appris à représenter les républicains de Rome, un soir qu'il se trouvait avec les républicains de la Gironde. Quand il entendit cette conversation puissante, animée de tous les grands intérêts du moment, cette accentuation pénétrante mais dépourvue d'emphase, quand il vit cette

gravité et cette rareté de gestes, cette expression de physionomie sérieuse et profonde, il comprit qu'il venait de retrouver la tragédie antique avec sa mâle simplicité. Il disait à un homme d'intelligence et de talent qui a conservé la mémoire de ses précieux entretiens (1) : « Dès
» ce moment, j'acquis une lumière nouvelle,
» j'entrevis mon art régénéré ; je travaillai à de-
» venir, non plus un mannequin monté sur des
» échasses pour être à la hauteur d'un Capitole,
» tel qu'on le voit en rhétorique dans ses livres,
» mais un romain réel, un César-homme, s'en-
» tretenant de sa ville avec ce naturel que l'on
» met à parler de ses propres affaires ; car, à tout
» prendre, les affaires de Rome étaient celles
» de César. »

Si les Girondins avaient été les maîtres de Talma dans l'art de représenter les hommes de la république, Bonaparte s'était chargé plus tard de lui apprendre à représenter les empereurs.

(1) M. Audibert.

Napoléon avait connu Talma avant la campagne d'Italie, et du temps où on l'appelait encore le petit Bonaparte. Quand le petit Bonaparte fut devenu le grand Napoléon, il continua à recevoir Talma ; et nous avons eu occasion de dire comment, à l'époque des conférences d'Erfurt, il le fit jouer devant un parterre de rois. C'est à cette grande école que Talma apprit cette brièveté de paroles, cette autorité de gestes qu'il porta depuis sur la scène. On a écrit qu'il donna des leçons de pose à Napoléon, nous sommes portés à croire, et la pièce de Sylla, dont Talma fit une tragédie, est là pour prouver qu'il en reçut bien plus qu'il n'en donna. La pantomime de l'Empire n'est jamais bien connue que des mains qui disposent des destinées du monde. Tout en profitant des modèles vivans qu'il avait sous les yeux, Talma n'avait point oublié les enseignemens qu'il pouvait trouver dans les livres ; il étudiait ses rôles dans Plutarque, Tacite et Tite-Live ; il allait chercher des poses et apprendre à porter la toge ou le casque, dans les salles du Musée ; à tel point qu'un jour, après une représentation de *Manlius*, il reçut de David ce bel éloge : « A ton entrée sur la scène, » j'ai cru voir marcher une statue antique. »

C'est ainsi que, par la réunion de toutes les études nécessaires pour former un grand auteur tragique, Talma réussit à faire illusion sur la médiocrité des auteurs de son temps; imprimant un caractère aux rôles les plus faiblement tracés, suppléant par l'expression de sa physionomie à l'insignifiance du dialogue, faisant oublier, par la perfection de son jeu, les exagérations et les invraisemblances, il possédait presque le don merveilleux de rendre vrai ce qui était faux, de prêter du naturel à l'affectation et de la simplicité à l'emphase. Talma, que la postérité ne jugera point sur les feuilletons de Geoffroy, qui poursuivait plutôt en lui le révolutionnaire qu'il n'appréciait l'acteur, Talma était le véritable auteur tragique de l'époque. En lui résidait la tragédie tout entière, et elle sembla expirer sous le coup qui le frappa.

Alors la tragédie, telle que l'avaient créée nos grands maîtres, sembla avoir accompli ses destinées, et ces jeunes esprits qui voulaient tout renouveler, purent représenter que, de même que l'on vit à Athènes la littérature grecque s'arrêter après avoir enfanté tant de chefs-d'œuvre, et Sophocle, Eschyle, Euripide avoir mille successeurs et pas un héritier, de même, sur la scène française, les pâles imitateurs de nos illustres écrivains déshonoraient leur sceptre et compromettaient leurs grands noms.

Est-ce une des conséquences de la faiblesse de notre nature que cette impuissance où nous sommes de faire franchir à l'art les limites qui l'environnent de tous côtés? En est-il des nations comme des individus, qui s'épuisent à produire? Chaque grand peuple a-t-il sa grande époque littéraire, après laquelle il n'y a plus qu'imperfections, incertitudes et confusion; et faut-il ensuite des invasions de barbares, des guerres, des siècles d'ignorance pour retremper les sociétés et les préparer, par une nouvelle civilisation, à une littérature nouvelle? On serait tenté de le penser lorsqu'on interroge l'histoire. De longues années de misère et de désolation, une religion détruite et une autre fondée, la langue latine ignorée au sein de Rome même et la langue italienne sortant du milieu des ruines, voilà les incroyables vicissitudes qui devaient amener le jour où le Tasse rendrait à l'Italie le sceptre de la littérature qu'elle avait perdu depuis Virgile.

Il est à croire qu'à l'époque dont il est question, peu de personnes en France eussent été disposées à acheter la renaissance de la tragédie, par des moyens de régénération aussi violens et aussi longs que ceux dont il vient d'être parlé ; mais, en attendant la guerre et les barbares, une nouvelle école se présentait, en affirmant qu'il serait possible d'introduire la réforme sur notre scène et dans notre littérature par des voies moins désastreuses. On ne pouvait s'empêcher de reconnaître, avec cette nouvelle école, que la tragédie grecque avait servi de modèle à la nôtre, et que c'était peut-être ce qui nous avait empêchés d'avoir un théâtre national. Tandis que Calderón, en Espagne, créait à lui seul son théâtre, en basant son système dramatique sur les mœurs et sur les idées contemporaines, et en faisant monter la poésie chevaleresque sur la scène, la France suivait pas à pas les anciens, et Paris applaudissait à des sujets et à des formes dramatiques auxquels on avait applaudi bien des siècles auparavant dans Athènes. A la vérité les personnages de l'antiquité, en passant sur notre théâtre, prirent en quelque sorte des lettres de naturalisation. Ils adoptèrent, outre la langue française, plusieurs qualités du caractère français : on aurait tort de prendre cette remarque pour un reproche ; nos premiers tragiques firent, au contraire, preuve d'habileté en appropriant à nos goûts, à nos sentimens et à nos mœurs, les emprunts qu'ils faisaient à un théâtre étranger. C'est ainsi qu'ils restèrent poètes nationaux, en traitant des sujets qui n'étaient point puisés dans notre histoire. On trouvera peut-être bizarre, disons-le en passant, que la tragédie française ait présenté toujours des héros étrangers et jamais de héros nationaux; cependant il est assez facile d'expliquer cette bizarrerie. Au moment où la tragédie brilla dans tout son éclat, la langue française venait de se fixer et de prendre les formes précises qu'elle devait à l'influence des langues anciennes; la poésie chevaleresque, qui était l'interprète naturel des croyances et des mœurs du moyen-âge, avait cédé le pas à une poésie plus savante, mais moins libre, plus noble, mais moins pittoresque; de sorte que ceux qui voulurent plus tard développer des sujets nationaux sur la scène, échouèrent toujours devant la difficulté qu'ils éprouvaient à trouver un style qui convînt à l'ordre d'idées et aux personnages qu'ils introduisaient au théâtre. Ajoutez à cela, que la plupart des sujets tragiques tirés de l'ancienne histoire de France n'auraient pu que déplaire à la cour, cette protectrice de la littérature, à cause des souvenirs dangereux qu'ils eussent réveillés et des allusions odieuses qu'ils eussent pu faire naître. La nouvelle école profitait de cette direction antique qu'avait subie notre littérature, pour proposer de lui imprimer le mouvement qu'avaient suivi tout d'abord la littérature anglaise et la littérature espagnole. Après avoir été grecque et romaine, pourquoi ne deviendrait-elle point nationale? Après avoir eu un Sophocle et un Eschyle, pourquoi n'aurions-nous pas un Caldéron ou un Shakespeare?

Lorsqu'on en venait aux moyens d'exécution, les novateurs se divisaient en deux camps: la révolution littéraire avait sa Gironde et sa Montagne.

Les jacobins du royaume des lettres voulaient, comme leurs prédécesseurs de la place publique, agir par les masses. Ils multipliaient les personnages, encombraient la scène d'un peuple d'acteurs, remplaçaient l'action et l'intérêt par des évolutions, comme si le bruit et le tumulte étaient des moyens dramatiques, comme si tout ce fracas, ce luxe désordonné dans les décors, n'étaient point un aveu tacite de l'impuissance du poète qui cherche à déguiser la pauvreté de ses conceptions sous la richesse des accessoires. D'un autre côté, la plupart de ces novateurs, ne pouvant plier la poésie à des formes nouvelles, eurent recours à la prose ; et, quoiqu'ils insultassent sans pitié l'histoire dans leurs compositions, comme ils avaient pris soin que tous les costumes et toutes les coiffures appartinssent à l'époque qu'ils voulaient retracer, ils intitulèrent courageusement leurs pièces, *Drames historiques.* Quant aux unités, pour lesquelles nos pères avaient presque tant de respect, et que Quintilien et Boileau avaient placées au nombre des articles de foi, ils s'imaginèrent que c'était déjà un mérite que de les violer ; que c'était là une preuve d'indépendance et de courage civique. Alors on les vit insulter les règles avec un zèle sans pareil ; Campistron avait été un sot, suivant les règles de Quintilien ; ils en conclurent qu'il ne s'agissait que de mettre Quintilien au ban de la littérature, pour transformer la médiocrité en génie, et d'insulter Boileau dans la préface, pour assurer l'immortalité à l'ouvrage. Il y a bien long-temps que Voltaire écrivait : *Nicolas porte malheur à ceux qui disent du mal de lui.* Il faut croire que c'est ce qui a empêché tant de drames historiques de réussir, malgré les beautés innombrables qu'y découvrait, à l'aide de ses yeux de lynx, la camaraderie littéraire, et malgré l'attention toute particulière avec laquelle les auteurs avaient évité, non seulement la vérité, mais jusqu'à la vraisemblance. C'était cependant, entre ces amours-propres, une réciprocité de louanges et un échange d'encens à asphyxier la gloire elle-même. Les préfaces se renvoyaient l'immortalité avec un savoir-vivre qui faisait honneur à la politesse des écrivains. Le matin, les brevets de génie s'expédiaient à bureau ouvert dans toutes les officines de la littérature, et le soir, après la représentation de quelque nouveau drame, on entourait d'une ronde frénétique la statue de Racine, à peu près comme les jacobins de la révolution politique entourèrent, avant de la renverser, la statue de Louis XIV, qui écrasa dans sa chûte ses obscurs blasphémateurs.

A côté de cette classe de réformateurs extrêmes, qui ne demandaient qu'à tout renverser sans pouvoir rien rétablir, il se trouvait des gens un peu moins prompts, un peu plus sociables, qui, ne renonçant point, comme les enthousiastes, à tout commerce avec la logique, en haine d'Aristote, cherchaient à établir par des raisonnemens la nécessité et la possibilité d'une réforme théâtrale, au lieu de l'imposer d'autorité au public comme un alcoran littéraire.

Ils présentaient d'abord une longue liste nécrologique des pièces composées d'après l'ancien système, et comme ils avaient affaire à des adversaires qui en augmentaient chaque jour le nombre, cette suite de défaites, cette accumulation de revers éprouvés par la partie contraire, semblaient un argument en faveur des ennemis d'un genre réduit à de pareils interprètes. Passant ensuite à la question délicate des unités, ils faisaient observer qu'elles n'étaient destinées qu'à accroître la vraisemblance et à favoriser l'illusion ; que dès-lors, si l'on restait vraisemblable sans les unités, si l'on réunissait à captiver l'attention de l'auditeur sans la fatiguer, en employant des combinaisons nouvelles, les véritables règles de l'art n'étaient point violées, puisqu'on se conformait à leur esprit au lieu de les suivre servilement à la lettre. Les théâtres étrangers fournissaient à ce sujet des exemples sur lesquels on devait s'appuyer, et c'était alors que les noms de Caldéron, de Shakespeare, de Schiller venaient retentir en faveur des ennemis des unités dramatiques. Pour achever de décider le public en leur faveur, ils promettaient de délivrer la scène de ces confidens et de ces confidentes qui, depuis tant d'années, ont la mission d'essuyer les larmes des princesses et d'écouter les indiscrétions des tyrans. C'est ainsi qu'on arrivait à la plus importante des innovations, à celle que l'on voulait introduire dans la versification et dans la langue.

On faisait observer que, dans son état et avec ses allures actuelles, l'alexandrin ne pourrait être employé si l'on voulait donner à la tragédie plus de laisser-aller et de liberté. On remontait jusqu'aux Grecs et jusqu'aux Romains, pour rappeler leurs poètes dramatiques abandonnant la solennité de l'hexamètre à l'épopée, et le léger iambe, d'une allure bien plus vive et plus facile, jouissant seul du privilége de paraître sur les théâtres de Rome et d'Athènes. Ainsi les divinités des classiques paraissaient se retirer de leurs rangs pour porter témoignage en faveur de leurs adversaires. Après cette observation, ceux-ci, annonçant plus ouvertement leurs vues, exposèrent que, si l'on voulait traiter des sujets nationaux au théâtre, l'époque chevaleresque étant l'époque vraiment poétique de notre histoire, il faudrait chercher à nous rapprocher de cette originalité et de cette liberté qu'avait l'ancienne poésie française, et remonter aux sources de notre littérature, pour trouver moyen de réchauffer sa vieillesse et de la rendre féconde. C'est alors qu'on parla du *Cid*, comme du point de départ de la nouvelle littérature. A ce glorieux anneau dut se rattacher un nouveau système dramatique plus varié, plus libre, plus hardi, qui remplacerait par des conceptions énergiques et originales, ces compositions froides et décolorées, dans lesquelles se reflétaient, avec une pâleur séculaire, les chefs-d'œuvre de notre scène déshonorés par d'impuissans imitateurs.

Nous avons cru qu'en retraçant l'histoire d'un journal qui exerça une si grande influence sur la littérature, nous devions faire mention de ce chapitre important des annales littéraires de la restauration. Les critiques les plus habiles du *Journal des Débats* traitèrent un peu les espérances de la nouvelle école comme un rêve; en tout cas c'était un beau rêve. Il y eut des lettres vives et poignantes échangées entre M. Victor Hugo et Hoffmann, le redoutable critique, qui ne voulait point laisser entamer la langue française, et qui menaçait de ses derniers et intrépides regards cette armée d'envahisseurs. Figurez-vous l'empereur Charlemagne, déjà sur son déclin, mettant la main sur sa longue épée en apercevant au loin les barques des Normands groupées comme une nuée d'oiseaux de proie et n'attendant plus que sa mort pour se jeter sur l'empire.

Il y avait bien des choses à dire en effet contre le manifeste de la nouvelle école. N'en est-il pas de la littérature comme de la guerre? Tant qu'on reste dans les théories, rien ne peut arrêter, on change le mécanisme de la versification comme l'on prend les villes, on surmonte les difficultés du style comme on traverse les fleuves, on fait des chefs-d'œuvre comme on gagne des batailles, on est Shakespeare ou Caldéron, avec autant de facilité que Turenne ou Condé. Mais quand on arrive à la pratique, que d'obstacles, que d'empêchemens de tout genre! Des mots insolites qui font frémir les oreilles religieuses, des sons durs et discords qui semblent avoir été assemblés à dessein pour chagriner les amis de l'harmonie, des coupes bizarres et à effet pour les vers les plus simples, des enjambemens si multipliés et si extravagans que les enjambemens de Delille, tant critiqués par Chénier, paraissent pleins de timidité et de circonspection à côté de cette audace.

Cependant, malgré toutes ces considérations, c'eût été un tort de condamner d'une manière absolue la nouvelle école, et l'on ne put apprécier que plus tard ses avantages et ses inconvéniens, lorsque les passions refroidies cessèrent d'exagérer les uns et les autres. En effet, au temps dont nous parlons, l'esprit de parti littéraire, qui semblait éteint en France, se réveilla avec une sorte de fureur. On n'assistait plus à des représentations, on assistait à des orages en trois ou cinq actes. Chaque spectateur pouvait se comparer à Vernet se faisant lier au grand mât de son navire pour contempler une tempête dans toute la beauté de son horreur. D'un côté, un enthousiasme bruyant et aveugle qui n'avait pas assez d'applaudissemens pour les contresens et pour les fautes, qui se pâmait d'aise aux vers durs et pleurait d'attendrissement aux inversions barbares; d'un autre côté, une partialité malveillante qui ricanait aux plus beaux endroits, interrompait, par d'insipides quolibets, les scènes les mieux tracées, trouvait convenable de siffler l'histoire quand l'histoire ne lui paraissait pas assez moderne, assez conforme aux idées nouvelles; voilà comment était composé l'aréopage qui prononçait sur le nouveau système dramatique destiné à régénérer la tragédie. Il y avait là deux camps rivaux, des cris d'enthousiasme et des cris d'anathème; mais où étaient les juges? La véritable critique qui parle et ne sait pas crier, qui craint le tumulte, évite le scandale, n'osait pas même se montrer au milieu de ces champions qui, pleins de défiance pour la logique, ne se confiaient qu'à la force de leurs voix, tout prêts au besoin à simplifier cette question littéraire en en appelant en dernier ressort au pugilat.

Maintenant que cette chaleur des esprits est tombée, il est permis de traiter cette question littéraire avec l'impartialité de l'histoire, et de l'envisager sous un point de vue plus philosophique et plus général.

Quelque jugement qu'on en veuille porter, la nouvelle école était dans les exigences de la situation, et, qu'on nous passe ce terme, dans la fatalité de notre littérature. Cela tient à des causes que nous avons exposées ailleurs, et qui se rattachent à la multiplicité des élémens qui ont concouru à former notre nationalité et notre langue. Nous sommes des barbares travaillés par la civilisation romaine et par l'évangile ; notre littérature a porté et continue encore à porter la trace de cette triple origine (1). Jusqu'au dix-septième siècle, ces élémens divers sont dans la fournaise, et notre langue comme notre littérature exprime ce pêle-mêle violent, cette fusion incandescente, d'où n'est point encore sortie l'unité métallique. Au dix-septième siècle, l'es-

---

(1) Voir le discours sur l'avenir de la littérature française, à la fin des *Ruines*.

prit chrétien et la forme romaine prévalurent par une raison naturelle : c'est que l'esprit chrétien et la langue latine étaient ce qu'il y avait de plus général, de plus universel, dans ces populations bariolées, rejetons divers de plusieurs souches barbares. La littérature romano-chrétienne du dix-septième siècle était une transaction entre la littérature du nord et celle du midi de la France ; on se transportait à Rome et sur le mont Golgotha pour être Français, parce qu'ailleurs on était Bourguignon, Suève, Germain, Gaulois, Visigoth ou Vandale.

Le dix-huitième siècle vient ensuite, et des deux grandes sources de notre littérature, l'*Evangile* et l'*Iliade*, il rejette la première. Il fait de la France une contrée sans religion, qui n'a plus, comme l'Italie et la Grèce antique, que des opinions au lieu de croyances, et des écoles de philosophes au lieu d'autels ; cela produit une nouvelle littérature matérialiste et païenne dont le chef est Voltaire, et qui traîne son agonie jusqu'aux premières années du dix-neuvième siècle, après avoir eu son apothéose pendant la révolution.

Que pouvait donc faire la nouvelle école pour mettre un terme à cette agonie? Recommencer la combinaison de la forme latine et de l'esprit chrétien, et refaire le dix-septième siècle? Les époques ne recommencent point. lorsqu'elles sont finies. L'esprit humain a quelque chose de fier et d'indépendant qui l'empêche de marcher sur une route battue menant à un but qui a déjà été atteint. Rivarol a dit un mot où se reflète une situation générale : « Je ne ferai point de » vers parce que j'ai lu ceux de Racine. » Ce mot exprime le généreux désespoir qui s'empare des intelligences d'élite, lorsqu'en regardant au-dessus de la montagne qu'elles essaient de gravir, elles aperçoivent une bannière qui a déjà pris possession du sol. Racine, Corneille, Bossuet, assis sur leurs trônes d'or, ferment la carrière où ils ont marché devant les esprits élevés qui savent qu'ils ne peuvent les égaler et qui dédaignent de les contrefaire. Il en est des littératures comme des nations, elles meurent d'être arrivées.

Il était donc naturel que les esprits en se réveillant, à l'époque de la restauration, cherchassent à former une littérature nouvelle par la seule combinaison qui n'eût point été tentée, celle de l'élément national avec l'élément chrétien. Que cette tendance ait eu de graves inconvéniens, c'est un fait hors de doute; quand une langue est formée, ceux qui veulent y apporter des modifications la défigurent et l'altèrent, et la langue française surtout, la plus précise et la plus régulière de toutes les langues, se prête moins que les autres aux essais des novateurs; mais telle est la condition des littératures comme de toutes les choses humaines, où l'on ne voit briller qu'un moment cette fleur de beauté et de jeunesse, lueur rapide qui disparaît bientôt pour jamais. Quand ce moment éphémère de la perfection est passé, on fait autrement ne pouvant faire mieux; on substitue des beautés moins simples et plus tourmentées à ces beautés naturelles et faciles, ornemens spontanés de la jeunesse des langues et des littératures; on cherche des sites étranges et des perspectives heurtées dans ce paysage dont les grandes lignes ont été depuis long-temps remarquées : c'est le second âge des littératures, âge qui a des beautés, mais d'une autre nature et d'un autre ordre que celles de l'âge d'or où les moissons germent d'elles-mêmes dans une terre vierge encore, aux rayons d'un soleil qui n'a rien perdu de sa chaleur, et sous l'haleine caressante des vents tièdes et doux du printemps. On peut regretter ces époques plus favorisées du ciel, mais les ressusciter, jamais; peut-être donc faut-il se résigner à voir les esprits créateurs chercher l'originalité sur une route qui n'a point été frayée, travailler péniblement, torturer quelquefois la langue et la littérature pour lui arracher une nouvelle moisson, moins belle et moins fraîche que la première. Du moins ces compositions ont-elles l'avantage de ne point reporter l'esprit vers les chefs-d'œuvre du grand siècle, éternel désespoir des imitateurs qui paraissent dans les âges suivans. Malheur aux poètes qui ont le tort de ne point être Racine et de rappeler Racine! on pourrait comparer leurs compositions, derrière lesquelles on voit scintiller, comme un reproche, un reflet des merveilleuses compositions du grand siècle, à ces manuscrits du moyen-âge dans lesquels on découvre, à l'aide de la loupe, une tragédie de Sophocle, à demi effacée sous une charte ou sous un commentaire verbeux dont les caractères usurpateurs, ont pris la place du chef-d'œuvre. Eh bien! les écrivains de la nouvelle école, au lieu de suivre leur exemple, ont passé l'éponge sur le parchemin et ont achevé de blanchir la page. Lors donc qu'ils altèrent l'idiôme national, lorsqu'ils cherchent à se faire une langue, un style, une poésie, il faut les blâmer de leurs erreurs et de leurs fautes sans doute, mais il faut aussi les plaindre, car c'est comme un rideau qu'ils tirent entre les chefs-d'œuvre qui les empêcheraient de produire, et les œuvres qu'ils cherchent à enfanter. Les littératures sont comme le premier homme, elles ne demeurent pas de longs jours dans leur Eden; le temps, pareil à l'ange à l'épée flamboyante, les en chasse bientôt, et alors elles n'enfantent plus qu'avec douleur et ne fertilisent la terre inculte qu'à la sueur de leur front.

Terminons cet aperçu sur l'histoire de la littérature de la restauration, en expliquant un problème qu'on a souvent agité sans le résoudre. Comment pouvait-il se faire, a-t-on demandé, que les révolutionnaires politiques fussent dans le camp de ceux qu'on a appelés classiques; que tout le parti libéral se composât d'hommes révoltés contre le roi de France et soumis à Aristote, admirant Voltaire et Racine, et voulant renverser le petit-fils de Louis XIV? Cela pouvait se faire, parce que ces gens là ne voyaient dans Racine qu'un des côtés de son génie, le côté antique séparé de l'élément chrétien qu'ils répudiaient. Ce qu'ils admiraient en lui comme dans Voltaire, c'était le côté romain ou grec. Or, les idées grecques et romaines avec leur indépendance, l'esprit des civilisations antiques tout imprégné de matérialisme et de démocratie, s'est de tout temps merveilleusement accordé avec l'esprit révolutionnaire (1). Par contre, ceci peut servir à faire comprendre comment les rebelles à Aristote furent en général les fidèles du roi de France, comme M. de Châteaubriand d'abord, le fondateur de l'école romantique, M. de Lamartine, M. Guiraud, M. de Vigny, et enfin avec eux M. Victor Hugo. C'est que l'école romantique était au fond une réaction contre les idées grecques et romaines, et par conséquent contre le paganisme philosophique de Voltaire, réaction outrée et dénaturée par la

(1) On sait que le *Constitutionnel* était le champion le plus véhément de la littérature classique, et que c'est de ses bureaux que partit la fameuse requête au Roi contre les romantiques. Le Roi répondit avec cette grâce qui n'appartenait qu'à lui : « Messieurs, quand il s'agit de théâtre, je n'ai comme tout le monde que ma place au parterre. » Il est remarquable que le *Journal des Débats*, qui avait conservé quelque chose de ses instincts monarchiques, fut plus favorable que contraire à la nouvelle école tout en blâmant ses excès, tandis que le *Constitutionnel* lui déclara la guerre.

fougue et les passions de quelques auteurs, et dépassant les limites auxquelles elle aurait dû s'arrêter, mais enfin réaction que nous voyons finir aujourd'hui par la chute de l'école de Voltaire et de Diderot.

CHAPITRE XVI.

Sommaire : Le directeur du *Journal des Débats* déclare la guerre à M. de Villèle. — Réponse de ce ministre. — Quelques réflexions sur le ministère de M. de Villèle.— Il était dominé par la situation que lui avait léguée M. Decazes. — Défiances des royalistes. — Inquiétude de la société, craignant tantôt pour le pouvoir, tantôt pour la liberté. — Ministères de pouvoir et ministères de liberté. — Embarras de M. de Villèle. — Le vice de la situation s'aggrave avec le temps. — La Monarchie compromise par la confiance qu'on a dans la force même de son principe. — Influence fatale qu'exerça le *Journal des Débats* dans cette circonstance. — Il cautionne la gauche et accuse la droite. — Statistique de la presse. — Récrudescence voltairienne. — Rôles du *Constitutionnel* et du *Journal des Débats.* — Le premier éveille toutes les idées de révolution. — Le second endort toutes les idées de monarchie. — Il vante la révolution dans la personne de MM. de Lafayette, d'Argenson et Chauvelin. — La coalition de 1826 renverse M. de Villèle. — La prédiction du *Journal des Débats* vérifiée.

Quand le *Journal des Débats* se décida à déclarer la guerre à M. de Villèle, le directeur de cette feuille se présenta dans le cabinet du mi-

nistre et lui dit : « J'ai renversé le ministère
» Decazes, je vous renverserai. » M. de Villèle
répondit : « Cela est possible, mais vous serez
» forcé de devenir révolutionnaire. En attaquant
» le ministère Decazes, vous avez combattu des
» principes funestes à la monarchie ; mais vous
» ne pouvez attaquer les doctrines de mon minis-
» tère, sans ruiner en même temps le principe
» monarchique en France. »

Ce serait ici le cas d'étudier un problème qui excitera les préoccupations des hommes d'état et exercera le jugement de la postérité. Mais la scission de M. de Villèle et de M. de Châteaubriand est encore du domaine de la politique et n'est pas tombée dans le domaine de l'histoire. Loin de nous la pensée d'aborder ce sujet trop brûlant pour être traité dans cette époque. Le plan que nous nous sommes tracé et que nous avons suivi jusqu'à ce moment, nous oblige seulement à examiner cette question dans ses rapports avec la marche du *Journal des Débats*, et c'est ce que nous voulons faire. Cependant il importe de marquer ici quelques points généraux, dont l'intelligence est utile à l'appréciation même des faits dans le cercle desquels nous voulons nous renfermer.

Lorsque, du temps où nous sommes, nous envisageons le ministère de M. de Villèle, nous voyons bien que, parmi les choses qu'il fit, il en est plusieurs qu'il aurait mieux valu éviter, et que parmi les choses qu'il ne fit point, il y en eut plusieurs aussi qu'il aurait été très avantageux d'accomplir. La question est de savoir si ce ministre, à qui tous les partis reconnaissent aujourd'hui une capacité peu commune, eût été maître d'éviter quelques uns des actes de son ministère, et d'accomplir d'autres actes qui ne furent pas réalisés par son administration.

Quand on juge à distance, il est facile de formuler une belle théorie politique; mais aussi quand on sépare le système suivi par un ministre des circonstances au milieu desquelles il se produisit, on court risque d'être injuste. Le bien absolu est presque toujours impossible dans les affaires, c'est ce que ne voient pas assez les métaphysiciens ; le bien relatif est seul praticable, c'est ce que comprennent mieux les politiques. Ainsi, au premier coup d'œil, on éprouve quelque étonnement à voir que les sept années de pouvoir qui furent données à M. de Villèle aient été absorbées par les affaires intérieures, sans que cet homme d'état ait tenté de donner satisfaction à la fierté nationale et aux intérêts français, compromis par les traités qui avaient été un bienfait pour la France de l'Empire, mais qui commençaient à être un fardeau pour la France de la restauration. L'avantage qu'aurait tiré la royauté, aussi bien que le pays, d'une guerre faite avec le secours de puissantes alliances, et avec toutes les chances du succès, frappe les yeux de tout le monde. On aperçoit, d'une manière non moins claire, l'avantage qu'il y aurait eu à éviter quelques lois irritantes et qui avaient le tort impardonnable en politique de marquer le but auquel elles tendaient, sans pouvoir en aucune façon l'atteindre. La révolution n'eût-elle pas perdu son moyen d'influence le plus puissant, si, au lieu de lui répondre à la tribune, on lui eût répondu aux frontières? Comment aurait-elle réussi à émouvoir l'esprit national, si on avait tranché avec l'épée le texte même de ses déclamations? Cela ne valait-il pas mieux que de demander la consolidation de la dynastie à des lois répressives ou à des institutions qui, alors même qu'elles eussent prévalu, n'auraient exercé qu'à la longue une influence tardive sur les destinées de la société?

Certes il y a dans ces observations, auxquelles on pourrait facilement en ajouter d'autres non moins spécieuses, un fonds de justesse ; mais lorsqu'on vient à considérer la situation au sein de laquelle intervint le ministère de M. de Villèle, les obstacles qu'il avait à vaincre, les difficultés qui lui étaient suscitées et par ses adversaires et par ses propres amis, on retombe dans l'hésitation et dans le doute, et l'on aperçoit des embarras auxquels on n'avait d'abord nullement songé. M. de Villèle, tout habile qu'il fût, était dominé par la fatalité de la situation qu'avaient créée

M. Decazes et son système, sur les déplorables conséquences duquel on ne peut trop insister.

En donnant de la force aux révolutionnaires, en effet M. Decazes avait donné des défiances naturelles aux hommes de la droite; en ressuscitant le parti de la révolution, il avait fait un parti des royalistes, qu'il aurait fallu à tout prix confondre avec le corps de la nation. Dès lors la société devenait un champ de bataille, les institutions politiques n'étaient plus que des positions dont on se servait pour combattre avec plus d'avantage. La société, tiraillée entre deux influences contraires, se trouvait dans une situation de guerre civile, épouvantée par deux partis, dont l'un disait sans cesse que l'autorité était compromise, tandis que l'autre répondait toujours que la liberté était en péril.

Si vous embrassez d'un rapide regard les ministères qui se succédèrent, vous verrez que, à partir de ce moment et grâce au vice de la situation créée par M. Decazes, il fut impossible de former un ministère qui représentât, d'une manière complète, les intérêts d'autorité et les intérêts de liberté. M. de Villèle fut amené par le mouvement qui se fit dans les esprits en faveur du premier de ces deux intérêts, à la suite de l'assassinat de M. le duc de Berry; M. de Martignac fut l'expression d'une réaction en faveur du second de ces intérêts, réaction qui devint toute puissante quand la société eut été rassurée sur l'existence du pouvoir par un ministère d'autorité qui avait duré sept ans. M. de Polignac fut amené par les craintes qu'inspira à la royauté cette réaction libérale qui prenait chaque jour une extension nouvelle; ce ne fut point un ministère, ce fut une crise du pouvoir qui, réduit à l'agonie, eut une convulsion avant d'expirer

Ainsi l'on peut dire que ce fut M. Decazes qui empêcha M. de Villèle de tirer du ministère de sept ans tout le fruit qu'il aurait pu en tirer pour le pays, si le ministère de M. Decazes n'avait point communiqué un vice originel à la situation. M. de Villèle en effet, comme tous les hommes d'état qui prennent le pouvoir, ne le prit qu'à la charge de remplir certaines conditions que lui imposaient les hommes et les choses. Il arrivait à l'aide d'un mouvement d'opinion excité par les alarmes d'une société qui avait senti jusques dans ses entrailles le coup de poignard du 13 février, et qui se voyait menacée par les théories athées et révolutionnaires. Ce mouvement d'opinion devait donc exiger qu'il cherchât à créer des lois pour servir de barrière à ces tendances fatales. Comme l'autorité paraissait menacée, ce mouvement d'opinion le poussait à asseoir et à consolider l'autorité. On peut comparer sa position à celle d'un capitaine de navire, qui, voyant l'occasion d'une belle victoire se présenter à lui, est obligé de demeurer dans le port et d'occuper son équipage à mettre en mouvement les pompes et à boucher les voies d'eau. C'est là l'image assez fidèle du ministère de M. de Villèle, et c'est ainsi que par les conséquences du système de M. Decazes, les plus belles années de la restauration se trouvèrent en quelque sorte perdues pour la gloire et pour la puissance extérieure du pays qui, sans ce système bâtard et équivoque, aurait maintenant une révolution de moins et des frontières de plus.

La maladie politique, qui datait du ministère qui avait rendu des forces à la révolution et donné des défiances aux royalistes, s'était aggravée avec le temps. Il s'agissait de savoir si les craintes que les hommes de gauche répandaient au sujet des périls de la liberté, prévaudraient sur les craintes que les hommes de droite accréditaient au sujet des dangers du pouvoir. On vit alors la confiance qu'on avait dans la force du principe monarchique pour maintenir l'ordre, devenir fatale à la monarchie. Bien des gens ne purent se résoudre à croire que la sécurité publique fût sérieusement menacée sous le gouvernement légitime, qui paraissait offrir des garanties inébranlables de stabilité. Ils transférèrent donc toutes leurs alarmes du côté des libertés du pays. Il arriva alors en France ce qui arrive dans une barque que tous les passagers croient voir pencher vers un point; on crut que la France allait tomber dans la servitude, et, tout le monde se jetant de l'autre côté pour faire contrepoids et prévenir la chute, on tomba dans une révolution.

C'est ici que le *Journal des Débats* exerça une influence vraiment fatale.

Certes lorsqu'on vient à considérer les rapports réciproques qui unissaient, depuis si longtemps, cette feuille et M. de Châteaubriand, on conçoit que ses sympathies aient été pour ce dernier, et qu'elle ait pu faire d'une affaire d'état une affaire personnelle. Elle devait tant, depuis la restauration, à ce grand écrivain, qui avait couvert le passé du *Journal de l'Empire* des splendeurs de son génie, qu'il est facile de comprendre que le *Journal des Débats* épousât la querelle du ministre dépossédé. D'ailleurs ceux même qui trouvent que la reconnaissance fut ici un défaut, avoueront que ce défaut est si rare dans le journal en question, qu'il y aurait du courage à le lui reprocher. Mais la situation que nous avons exposée, situation que connaissait la feuille dont nous écrivons l'histoire, puisqu'elle avait fait une si bonne et si rude guerre au ministère Decazes qui en était l'auteur, cette situation imposait une grande réserve à ceux qui voulaient faire de l'opposition au cabinet d'où M. de Châteaubriand venait de sortir. La société, nous l'avons dit, était suspendue entre deux craintes : crainte du désordre répandue par les hommes de la droite ; crainte du despotisme, accréditée par les hommes de la gauche. Si le *Journal des Débats*, avec ses antécédens monarchiques, prenait place dans les rangs de l'opposition révolutionnaire, il vérifiait la parole prophétique de M. Villèle, ce n'était pas seulement le cabinet, c'était la monarchie qui tombait. En effet, on cessait de craindre une révolution de la part des hommes de la gauche dont le *Journal des Débats* cautionnait la fidélité, on craignait plus que jamais le despotisme de la part des hommes de droite avec lesquels rompait une feuille qui avait si long-temps marché dans leurs rangs.

Cette conduite si préjudiciable à la monarchie, fut celle qu'adopta le *Journal des Débats*. Il brisa cette ligne qu'il suivait, depuis le retour de la maison de Bourbon; ce ne fut plus de l'opposition qu'il fit, ce fut de la révolution. L'orgueil, ce sentiment qui perd tant d'intelligences, l'avait perdu; du moment que la royauté ne se courbait point devant sa volonté, il ne reculait devant aucun moyen pour la réduire. La feuille qui avait plié avec une docilité si infatigable, sous les pieds de Bonaparte, ce destructeur de la liberté de la presse, trouvait un facile courage contre la maison de Bourbon, fondatrice de cette liberté.

Les suites de l'opposition du *Journal des Débats* furent incalculables.

Il apportait, dans le mal, toute la force qu'il avait acquise à défendre le bien; il se faisait une puissance contre la légitimité de l'autorité qu'il avait conquise à son service. C'est ce qui n'est arrivé que trop souvent dans ces dernières années, où l'on a vu tant d'hommes, élevés en talent et en gloire, tourner contre la vérité, la renommée et le génie qui lui devaient tout leur éclat. Triste condition de la nature humaine, qui, livrée à cet orgueil qui est sa plaie, et à cet égoïsme qui est son écueil, finit par s'adorer elle-même, et par considérer les principes dont elle a d'abord admiré la force et la puissance, comme un escabeau qui lui a servi à se mettre en possession de sa gloire, escabeau qu'il faut ensuite repousser du pied, pour que personne ne voie comment l'idole est parvenue à son piédestal.

Il semblait que, dans cette terrible opposition qu'on faisait alors à la monarchie, les rôles fussent naturellement partagés.

Le *Constitutionnel*, dont la publicité était alors si grande, attaquait de front la monarchie légitime. Il représentait toutes les idées et toutes les passions de la révolution, les sentimens d'une jalouse égalité, plus encore que les craintes conçues au sujet de la liberté. Il ralliait au drapeau tricolore, à demi caché sous le vernis de cette constitutionnalité à laquelle il avait emprunté son nom, toutes les répugnances qui dataient de 89 et de 93, tous les mécontentemens qui dataient de l'Empire, auquel il se rattachait par M. Etienne, l'un de ses directeurs politiques, et par M. de Béranger, cette idole de la presse libérale, qui jouait à cette époque le rôle de Tyrtée, et dont la muse taciturne imite aujourd'hui de Conrard le silence prudent. Derrière le *Constitutionnel* se rangeait encore toute l'école voltairienne, qui avait repris une chaleur factice, due à l'opinion généralement accréditée sur les empiétemens du clergé et sur l'imminence d'une tyrannie sacerdotale. Ces idées voltairiennes qui avaient fait leur temps, semblèrent alors se réveiller avec une nouvelle force. C'était un dernier accès de fièvre que des yeux peu clairvoyans prirent pour un véritable retour de puissance. Mais cette fièvre qui devait être courte, s'annonça avec une violence inouie. Il y eut une récrudescence dans la réimpression des livres irréligieux et anti-sociaux. C'est le temps du Voltaire des chaumières et de toutes ces publications qui mirent l'impiété au rabais et livrèrent l'immoralité au prix coûtant.

On pourrait marquer les progrès de cette situation avec des chiffres, et cette statistique serait curieuse. Du mois de février 1817 jusqu'au mois de décembre 1824, on publia trente et un mille six cents exemplaires de Voltaire, formant ensemble un million cinq cent quatre-vingt-dix-huit mille volumes. Dans le même laps de temps on livra à la circulation vingt-quatre mille cinq cents exemplaires de Rousseau, formant ensemble quatre cent quatre-vingt-douze mille cinq cents volumes. Il faut en outre ne point oublier que, de 1785 à 1789, le libraire Kehl avait publié deux éditions de Voltaire, l'une de soixante-dix volumes, tirée à vingt-cinq mille exemplaires ; l'autre, de quatre-vingt-dix volumes, tirée à quinze mille exemplaires ; de sorte que ces éditions successives réunies formaient la masse énorme de soixante-onze mille six cents exemplaires, composant un total de quatre millions six cent quatre-vingt-dix-huit mille volumes, espèce de déluge voltairien versé sur la société.

On parle quelquefois de l'éloquence des chiffres, ils en disent plus ici que toutes les phrases. Voltaire, qui avait été le précurseur de la première révolution, reparut pour ouvrir les voies à la seconde.

Ajoutons que, durant l'intervalle qui sépara ces années de 1817 et 1825, on réimprima à dix mille exemplaires les œuvres de M. Pigault-Lebrun, qui mettaient la corruption à la portée de toutes les intelligences et popularisaient l'esprit d'irréligion et d'incrédulité. Enfin deux éditions de l'*Emile* et du *Contrat social* de Jean-Jacques s'imprimaient en France pour être importées en Espagne. La révolution, propagée par cette contagion intellectuelle, put dire un peu plus tard à son tour: « Il n'y a plus de Pyrénées. » C'était la presse périodique qui mettait en mouvement les grandes eaux de cette presse plus compacte, en les battant sans cesse de ses cent voix comme de vents impétueux, pour les faire

écouler. Un rapport secret adressé au ministère, disait à ce sujet que c'étaient les journaux qui ouvraient la voie à la vente des livres anti-sociaux et irréligieux, et il peignait ainsi l'état de la presse périodique : « Si le nombre des abon-
» nés est grand aux journaux de l'opposition, le
» nombre des lecteurs est immense, à cause des
» abonnemens collectifs, des cafés, des cercles,
» des cabinets de lecture. On voit au contraire,
» tous les jours, des voyageurs qui ont parcouru
» des départemens entiers sans rencontrer un
» seul journal favorable au pouvoir. »

Voici quelle était en 1824, suivant le même rapport, la situation exacte de la presse périodique. Ces détails précieux trouvent leur place naturelle dans l'histoire d'un journal.

Le gouvernement avait pour lui six journaux: *la Gazette*, qui comptait deux mille trois cents abonnés; *l'Etoile*, qui en comptait deux mille sept cent quarante-neuf; le *Journal de Paris*, quatre mille cent soixante-quinze; le *Drapeau blanc*, dix-neuf cent; le *Moniteur*, deux mille deux cent cinquante, et *le Pilote*, neuf cent vingt-cinq. Tous ces journaux réunis formaient un effectif de quatorze mille trois cent quarante-quatre abonnés.

L'opposition avait également six journaux : le ***Constitutionnel***, qui réunissait, à lui seul, seize mille deux cent cinquante abonnés; le *Journal des Débats*, qui en avait treize mille; la *Quotidienne*, organe de la contre-opposition de la droite, comptait cinq mille huit cents lecteurs; le *Courrier français*, deux mille neuf cent soixante-quinze; le *Journal du Commerce*, deux mille trois cent quatre-vingts, et l'*Aristarque*, neuf cent vingt-cinq. Tous ces chiffres réunis formaient un total de quarante et un mille trois cent trente souscripteurs attachés aux journaux de l'opposition.

La différence en faveur de cette dernière était donc de vingt-six mille neuf cent quatre-vingt-six abonnés; en d'autres termes, la publicité du gouvernement était à celle de l'opposition comme un est à trois.

Cette différence devait aller en croissant, et toujours dans un sens hostile au pouvoir. Au commencement de 1824, la presse de l'opposition avait, comme on l'a vu, quarante et un mille trois cent trente abonnés, et la presse gouvernementale en avait quatorze mille trois cent quarante-quatre. A la fin de 1825, la presse de l'opposition avait quarante-quatre mille souscripteurs, et la presse du gouvernement était réduite à douze mille cinq cent quatre-vingts.

Ces calculs sont bons à présenter, parce qu'ils donnent, pour ainsi parler, une évaluation arithmétique des situations. Ce chiffre d'abonnés qui croît d'un côté et qui décroît de l'autre, ne ressemble pas mal à cette balance dans les plateaux de laquelle Jupiter pesait les destinées des héros Troyens et Grecs, pour qu'en s'abaissant vers la terre, ou en s'élevant dans la nue, ils annónçassent la défaite des combattans ou leur victoire.

Nous avons dit le rôle que jouait le *Constitutionnel* dans cette presse de l'opposition ; celui du *Journal des Débats* dont la publicité était presqu'aussi grande, ne fut ni moins actif, ni moins redoutable à la monarchie; il lui fut plus nuisible peut-être, car, chez le *Constitutionnel*, on voyait passer un lambeau du drapeau tricolore, tandis que, chez le *Journal des Débats*, la révolution marchait enveloppée dans les plis du drapeau blanc et abritée sous le manteau fleurdelysé. Tandis que le premier attaquait la royauté, le second mettait le désordre parmi ses défenseurs et jetait des doutes chez les esprits faibles et préoccupés sur la nature et le but de la guerre que l'on faisait aux doctrines sociales. On l'a dit, en voyant une feuille si long-temps monarchique dans les rangs de l'opposition révolutionnaire, bien des gens ne pouvaient se résoudre à croire que cette opposition fût réellement révolutionnaire; ils lui supposaient une modération qu'elle n'avait pas, et se joignaient à elle sans prévoir les extrémités auxquelles ils seraient entraînés. Ajoutez à cela que, pour achever de rendre leur illusion plus complète et leur sécurité plus profonde, le *Journal des Débats* n'avait pas renoncé à cette phraséologie de dévoûment, dont il s'était fait comme une étiquette de style à l'égard de la personne des princes; l'enseigne était demeurée la même, les idées qu'on débitait à ce grand comptoir d'opinions avaient seules changé.

Les élections de 1826 furent la bataille décisive de cette campagne politique qui durait depuis plusieurs années. Il y eut coalition complète entre le *Journal des Débats* et les hommes de la révolution; ce fait ne surprit personne, le *Journal des Débats* était allé si loin dans les violences de ses attaques et dans les emportemens de ses haines, qu'il avait non seulement frappé le ministère, mais les doctrines et les principes sur lesquels repose la royauté. On l'avait vu protéger la candidature et louer les opinions de M. de Chauvelin, de M. d'Argenson, et enfin de M. Lafayette lui-même. Quoi de plus, il avait écrit en les désignant, cette phrase significative: « Disons-le » à sa gloire éternelle, cette école a fait la révolu» tion française. » M. de Villèle tomba devant le mouvement électoral de 1826 ; ainsi se trouva vérifiée la parole de M. Bertin : « Je renverserai » votre ministère comme j'ai renversé le minis- » tère Decazes. » Mais la nature de l'opposition du *Journal des Débats* avait été si peu monarchique, il avait tellement dérivé vers la gauche, que bien peu d'années devaient se passer avant qu'on vît se réaliser cette autre prévision contenue dans la réponse de M. de Villèle : « Cela » est possible, mais vous ruinerez en même temps » le principe monarchique en France. »

CHAPITRE XVII.

Sommaire : Anecdote sur le *Journal des Débats* dans les premiers jours du ministère Martignac. — La royauté mise à rançon. — Paiement de l'arriéré. — La cassette du Roi. — Appui équivoque accordé au nouveau ministère. — Conditions imposées. — Engagemens du journal avec le centre gauche. — Il porte M. Sébastiani. — En quoi cette tactique est favorable à la Révolution. — En quoi elle est fatale à la monarchie. — Tout en invoquant les habitudes politiques de l'Angleterre, on s'en écarte. — On veut procéder par réaction au lieu de procéder par transition. — La ligne du *Journal des Débats* pendant le ministère Martignac est contradictoire. — Il se plaint de l'absolutisme de la prérogative royale, et il veut faire prévaloir l'absolutisme de la prérogative parlementaire. Il rend un ministère de centre gauche nécessaire du côté de la chambre, impossible du côté du trône. — Il facilite la révolution en persuadant à tout le monde qu'elle est impossible. — Curieuses citations à ce sujet. — Ceux qui deux ans avant 1830 croient à une révolution, envoyés par *les Débats* à Charenton. — M. Cauchoix-Lemaire juge autrement la situation. Anecdote relative à sa lettre à M. le duc d'Orléans. — Réquisitoire.

Peut-être rendra-t-on à cette histoire la justice de reconnaître qu'elle a évité, jusqu'ici, toutes ces attaques personnelles, dont la violence révèle l'animosité bien plus que l'équité de l'historien. Nous voulons mériter jusqu'au bout ce témoignage. Cependant, quand il se présente des faits notoires revêtus d'un caractère d'authenticité qui oblige à ne point les révoquer en doute, et de nature à faire apprécier les mobiles secrets de la conduite des hommes, il ne nous est pas permis de les laisser passer sous silence, malgré la répugnance que nous avons d'ailleurs à aborder cet ordre de faits.

On a souvent parlé, dans la presse et hors la presse, des subventions du *Journal des Débats*; on en a fixé le chiffre, on a évalué les sommes que pouvait coûter cette amitié à titre onéreux, aux gouvernemens qu'elle consent à servir. Nous aurions voulu ne point remuer ces détails qui ont quelque chose d'humiliant et de triste, et sur lesquels d'ailleurs il est si difficile de dire quelque chose de certain ; mais puisque nous sommes arrivés à l'époque du ministère Martignac, nous devons mentionner une circonstance qui s'y rattache, et qui a, pour nous, un caractère d'authenticité et de certitude que rien ne saurait ébranler, car elle fut révélée par la bouche du Roi lui-même, dans un des conseils du cabinet qui succéda au ministère de 1828.

Voici comment les choses se passèrent :

Un des membres du ministère du 8 août ayant prononcé le nom du journal dont il est ici question, le Roi l'interrompit avec vivacité, et de sa bouche royale laissa tomber des paroles sévères dont nous devons conserver le souvenir, pour qu'elles demeurent comme une des justices de cette histoire : « Ne me parlez point de » ces gens-là, dit Charles X; ils n'ont point d'o- » pinion, ils ont de l'orgueil et l'amour de l'ar- » gent pardessus tout. Voici ce que j'ai entendu » de Bertin de Vaux lui-même; c'était lorsque le » ministère Martignac fut appelé à remplacer le » ministère Villèle, Bertin de Vaux vint me voir » quelques jours après, et me dit, dans la con- » versation : *Ce ministère, c'est moi qui l'ai fait ;* » *qu'il se conduise bien avec moi, sans quoi je*

» *pourrai bien le défaire comme l'autre.* Voilà ce » qu'il m'a dit, parlant à ma personne. » Le Roi qui était fort animé, continua encore à parler quelque temps sur ce ton, et ses paroles étaient de plus en plus sévères. Ce fut alors qu'il raconta au conseil que, dans les premiers jours du ministère de M. de Martignac, on avait cru nécessaire de s'assurer l'appui du *Journal des Débats.* Pour prêter son concours, la feuille qui avait renversé M. de Villèle, fit ses conditions, au nombre desquelles elle mit, en première ligne, non seulement la reprise des arrangemens pécuniaires antérieurs à sa scission, mais le paiement des sommes que cette scission l'avait empêchée de recevoir pendant toute sa durée. « Ils ont exigé, dit le Roi, le paiement » immédiat d'une somme de cent mille écus, » pour ce qu'ils appelaient l'arriéré. Ça, j'en suis » sûr. »

Nous dirons tout à l'heure le motif qui faisait parler le Roi avec tant d'assurance, et sur le fait en lui-même et sur la quotité de la contribution dont le journal avait frappé la royauté. Rendons d'abord hommage à cette combinaison vraiment ingénieuse, d'après laquelle la royauté se trouva payer non seulement le ministérialisme, mais l'opposition du *Journal des Débats*. Ce précédent avait cela d'admirable, qu'il mettait en sûreté les intérêts de la caisse, quel que fût le drapeau politique que la rédaction crût devoir suivre. Le pavillon couvrait toujours la marchandise, suivant une expression d'une énergie proverbiale, et la marchandise restait sauve, quel que fût d'ailleurs le pavillon. L'indépendance de la feuille périodique ne faisait point de sacrifices, elle ne faisait que des avances à la cause de la révolution, bien sûre de rentrer dans ses déboursés, puisqu'on réglait les comptes après le triomphe, et que la monarchie, stipendiant les attaques dont elle avait été l'objet, soldait l'hostilité et salariait les invectives. Le *Journal des Débats*, on le voit, traitait la royauté à peu près comme ces ennemis vaincus auxquels le vainqueur fait payer les frais de la guerre. M. Fiévée, vous ne l'avez point oublié, disait à Bonaparte, en parlant d'un des fondateurs de ce journal : « Ce n'est point un homme à opinions, il a » d'autres affaires; » vous voyez ici que ceux dont M. Fiévée parlait avec ces termes expressifs, avaient d'autres affaires, même quand ils étaient des hommes à opinion.

Nous ajouterons à ces détails une circonstance qui démontrerait, au besoin, qu'ils sont puisés à une source dont on ne peut contester l'autorité, et qui, en même temps, expliquera le ton de certitude avec lequel Charles X parlait de cette négociation. Comme il n'y avait point de fonds disponibles au budget pour solder la somme exigée, il fallut que la royauté payât sa rançon, c'est le mot, sur sa propre cassette. Charles X, ce prince, d'une générosité inépuisable, était, comme beaucoup de monarques, économe de cette petite partie de sa liste civile, qu'il réservait à ses dépenses personnelles, parmi lesquelles il faut compter tant de libéralités cachées dont il avait seul le secret. Il en résultait qu'outre la

blessure du Roi, qui s'était vu mettre à rançon, il ressentait un peu de mauvaise humeur par suite de la large trouée faite à son épargne particulière ; car le *Journal des Débats* avait été un créancier inexorable, et il avait fallu acquitter sans retard cette lettre de change tirée à vue sur les embarras de la royauté. Le Roi aurait donc voulu que le ministère du 8 août restituât à sa cassette, en les prenant sur les fonds secrets, les cent mille écus qu'ils avait donnés au *Journal des Débats*, car ce remboursement, promis au temps de M. de Martignac, n'avait jamais été effectué. C'était là le sujet d'une querelle amicale, et qui renaissait souvent entre le prince et un ministre qu'il honorait d'une bienveillance particulière. Le Roi insistait avec une opiniâtreté demi-sérieuse, le ministre résistait doucement, en se rejetant aussi sur le manque de fonds. « D'ail-
» leurs, ajoutait-il lorsqu'il était trop pressé,
» cet argent a été donné si mal à propos, que
» je ne vois pas de mal à ce que votre Majesté
» porte un peu la peine de sa condescendance. »

Il faut avouer en effet que le concours du *Journal des Débats*, pendant le ministère de M. de Martignac, fut loin de réparer le mal qu'avait fait à la monarchie son opposition pendant le ministère de M. de Villèle. Cette feuille s'était tellement avancée dans le sens de la gauche, qu'il ne lui était plus possible de reculer même jusqu'au centre droit. Il y avait des engagemens pris avec des hommes de l'autre centre, et l'on poussait à un ministère dont M. Sébastiani eût été la pierre angulaire; ce fut pour cela qu'on attacha tant de prix à obtenir de la chambre sa nomination en qualité de rapporteur de la loi départementale. Pour faire triompher cette combinaison, le *Journal des Débats* n'accordait au ministère Martignac qu'un appui tracassier et un concours exigeant. Il répétait chaque jour qu'on avait beaucoup fait, sans doute, mais qu'il fallait faire plus encore. Il ne trouvait pas les noms qui étaient au pouvoir assez rassurans, et, tout en affirmant qu'il n'avait aucune répugnance pour la personne des ministres, il réclamait avec insistance l'adjonction d'autres noms d'une couleur politique plus tranchée. En d'autres termes, il demandait des portefeuilles pour ses amis, et il voulait faire passer les affaires du centre droit, où elles se trouvaient, au centre gauche, où s'étaient cantonnées les ambitions politiques avec lesquelles il avait contracté une alliance offensive et défensive.

Cette conduite du *Journal des Débats* favorisa plus qu'on ne saurait dire, le mouvement de révolution qui emportait la société, et l'on peut ajouter que cette impatience de pouvoir était à la fois une faute politique et un tort social. Comme les censures ne manquent jamais aux malheureux et aux vaincus, on a beaucoup reproché au roi Charles X, ce qu'on a appelé l'inflexibilité de sa volonté et l'absolutisme de sa prérogative. Il est vrai que c'est une des lois du gouvernement représentatif, que toutes les nuances de l'opinion parlementaire puissent aspirer au pouvoir. Les Anglais eux-mêmes ont dit de tout temps : « Cinq années de Tories et six mois de Whigs ; » pour marquer qu'il ne fallait pas laisser une opposition éternellement en dehors des affaires, de peur qu'elle ne devînt, d'anti-ministérielle qu'elle était, anti-gouvernementale. Mais dans cette Angleterre, dont on voulait appliquer vers cette époque les principes politiques à la France, en abusant d'une analogie de formes parlementaires qui n'était point une identité de situations sociales ; dans cette Angleterre on ménage avec un soin extrême les transitions qui font passer l'autorité des mains d'une opinion politique, à celle d'une autre nuance du parlement et du pays. On sait marquer dans de pareilles circonstances ces temps d'arrêt qui empêchent que la transmission du pouvoir ait rien de violent et de heurté. On attend avec une patience politique que l'heure des hommes soit venue, et par ce vain empressement qui se jette au devant du pouvoir, on ne précipite point les affaires dans une crise où elles peuvent périr. Que dirons-nous de plus ? On agit dans ces circonstances par transition, au lieu d'agir, comme voulait le faire le *Journal des Débats*, par réaction.

Même en se plaçant au point de vue des intérêts et des ambitions de ce journal, une intelligence médiocre des hommes et des choses, animée d'un esprit de conservation et d'un désir sincère de ne point compromettre la monarchie, aurait suffi pour apercevoir l'opportunité d'une tout autre politique. La royauté, on ne pouvait le nier, venait de faire une concession ; elle avait sacrifié un ministère auquel elle avait dû s'attacher, ne fût-ce qu'à cause de sa durée. Elle s'était relâchée du droit rigoureux de cette prérogative dont on la disait si jalouse, et elle avait remplacé un ministère d'autorité par un ministère de conciliation parlementaire. Dans un pareil état de choses, le plus simple bon sens indiquait la conduite à suivre ; il fallait accueillir ce premier acheminement vers un ministère sorti de l'opposition, permettre à cette transition politique de vivre sa vie, l'appuyer au lieu de contrarier sa marche, et consentir à ce que la royauté descendît doucement la pente où elle avait commencé à se laisser aller. Pendant ce temps, l'opposition se serait peu à peu familiarisée avec le pouvoir, et le pouvoir se serait acclimaté avec l'opposition; des deux côtés bien des préjugés auraient péri dans ce contact; l'opposition y aurait perdu de ses exigences et la royauté de ses défiances et de ses craintes, et l'on serait ainsi arrivé, en quelques sessions, au ministère de M. Périer, indiqué par les circonstances pour l'héritier présomptif de M. de Martignac.

Au lieu de cela, le *Journal des Débats* brusqua tout et perdit tout. Lui qui devait, peu de temps après, écrire tant de phrases sur les ménagemens à observer dans l'exercice de la prérogative royale, qui ne pouvait transporter dans l'application ce droit absolu reconnu dans la théorie, il fit précisément pour la prérogative parlementaire ce qu'il accusa plus tard ses adversaires d'avoir fait pour l'autre prérogative. Il ne vit pas qu'il fallait qu'elle se bornât d'elle-même, précisément parce qu'elle était sans bornes. Il compta parmi ceux qui voulurent que l'opposition usât de son droit à la rigueur, et qu'elle prît le pouvoir d'assaut, au lieu d'attendre qu'on lui en ouvrît la porte. Si l'on objecte à cela, qu'il est inutile de demander ce que l'on se sent en état de prendre, les esprits sages répondront que de véritables amis de la société, des hommes vraiment politiques, vraiment dignes de cette autorité qu'ils réclamaient, auraient compris qu'il valait mieux pour la société, pour la France, pour eux-mêmes, demander le pouvoir pendant trois ans, que de le prendre en trois jours au moyen d'une révolution. De tels hommes eussent senti qu'il ne fallait pas pousser la royauté au désespoir, en lui faisant, pour ainsi parler, violence pour entrer dans ses conseils; qu'il fallait au contraire la réconcilier avec l'idée de voir l'opposition aux affaires, en la lui montrant plus modérée qu'elle ne s'y attendait, et plus disposée à entrer dans tous les tempéramens. Si l'on voulait en effet réussir à former un ministère de centre gauche sous la royauté, il fallait conduire les choses de manière à ce que ce ministère ne fût point un fardeau imposé aux répugnances du prince, mais un levier politique sur lequel il s'appuyât de bonne grace. Pour arriver d'une manière à la fois monarchique et parlementaire, il fallait arriver par le trône et par la chambre; si on négligeait de se concilier le premier, et qu'on voulût entrer, pour ainsi parler, par effraction dans le pouvoir à l'aide d'un vote, on jetait la royauté dans un ministère d'autorité, dans un ministère de défensive, on préparait un choc entre les deux prérogatives, on allait à une révolution. Or il n'y a pas de ministère au monde qui vaille, même pour ceux qui l'obtiennent, cette perturbation de tous les rapports sociaux, ce naufrage de tous les intérêts publics et privés, cette rupture de tous les liens extérieurs, qu'on appelle une révolution.

Le *Journal des Débats* n'en suivit pas moins cette ligne imprudente et provocatrice ; au nom de ce centre gauche qu'il voulait faire arriver aux affaires et dans les conseils du prince, il présentait les idées les plus anti-gouvernementales et les plus propres à causer un vif déplaisir à la couronne. C'était un jour la déchéance des soixante-seize nouveaux pairs, c'était le lendemain l'accusation de M. Villèle dont il menaçait le prince, en cas qu'il ne modifiât pas son ministère dans le sens des prétentions du *Journal des Débats.* On comprend l'influence naturelle d'une pareille conduite sur l'esprit du Roi. L'éloignement qu'il ressentait pour la personne des hommes du centre gauche s'en augmentait, et les défiances que lui inspirait le système politique des auteurs de ces propositions anarchiques, allaient en croissant. De bonne foi comment aurait-il pu confier l'exercice de sa prérogative à des hommes qui se montraient si disposés à la sacrifier? Quelle sécurité pouvait-il trouver en se livrant à ceux qui proposaient, comme une mesure gouvernementale, la révocation de soixante-seize pairs; un acte qui, pour les esprits raisonnables, implique la destruction complète de toute idée de gouvernement? Ainsi le *Jour-*

nal des Débats travaillait tout à la fois à rendre un ministère de centre gauche, inévitable du côté de la chambre, et impossible du côté de la couronne, c'est-à-dire qu'il conduisait la France droit à cette révolution dont il a voulu depuis faire peser la responsabilité sur le trône.

Cette révolution, il achevait de lui ouvrir les voies en dissipant les craintes salutaires qui auraient pu encore lui faire obstacle ; le *Journal des Débats*, loin d'admettre qu'une révolution fût probable, ne voulait pas même souffrir qu'on dît qu'elle était une des éventualités de la situation. Il n'y avait au monde que des rêveurs et des insensés qui pussent accueillir une pareille idée, et le *Journal des Débats* ne trouvait pas d'ironie assez vive, de persifflage assez amer pour attaquer ces pauvres esprits, ces intelligences malades, qui, dans l'an de grâce 1828, avaient l'insigne folie de croire qu'il était possible qu'avant une ou deux années, en 1830 par exemple, il y eût une révolution. « Personne ne veut » de révolution, s'écriait-il au mois de fé-

» vrier 1828 ; personne ne conspire, la révo-
» lution est impossible ; le peuple a donné sa
» démission ; la France veut à jamais la race
» légitime de ses rois, race immortelle qui est
» une sorte de trésor vivant de nos annales, une
» espèce de monument historique sacré de la
» patrie. » Puis, dans le mois de mars suivant,
comme il s'était trouvé encore quelqu'alarmiste
qui avait osé reproduire de fâcheux pressentimens relativement à une catastrophe politique,
le *Journal des Débats* reprenait avec une
nouvelle verve d'incrédulité : « Voyez cette
» chambre composée de jeunes factieux de qua-
» rante à quatre-vingts ans! Contemplez ces ogres
» qui vont tout dévorer! Avec ces mots d'im-
» piété, de révolution et d'apostasie, on fait de
» l'éloquence à l'usage des niais; les vieilles fem-
» mes tremblent et les filous en rient. Mais avec
» ce mélodrame on ne produira rien : on crie au
» loup, et le loup ne vient pas; au feu, et l'on ne
» voit pas même fumer une cheminée. Que l'on
» croie possible de choisir parmi nous ou d'aller

» mendier en Europe un usurpateur, ce sont
» là des rêves que l'on peut faire à Charenton. »

Nous l'avons déjà dit, et l'événement l'a prouvé, dans un siècle où les intérêts matériels occupent une si grande place, c'est avoir beaucoup fait pour rendre une révolution praticable, que d'avoir persuadé à ceux qui doivent la craindre qu'elle est impossible.

A l'époque même où le *Journal des Débats* jetait à pleines mains l'ironie sur ceux qui croyaient à l'imminence d'une catastrophe et à la possibilité d'un changement de dynastie, les tribunaux retentissaient d'un procès qui aurait pu aider le journal incrédule à sortir de l'embarras où il semblait être, quand il s'agissait de rencontrer un prince en position de prendre la couronne. Si la feuille dont nous parlons pensait qu'il n'y avait qu'à Charenton qu'on pût nourrir un pareil projet, M. Cauchois-Lemaire, moins embarrassé pour découvrir ce prince introuvable, ne se donnait point la peine de promener ses regards sur toute l'Europe, il allait droit au Pa-

lais-Royal. Nous devons à la vérité de le dire, si l'on s'en rapportait aux bruits accueillis à cette époque dans les salons politiques, l'indignation de M. le duc d'Orléans aurait éclaté de la manière la plus édifiante; Son Altesse Royale aurait paru elle-même aux Tuileries pour se plaindre de l'injure faite à son honneur, et demander la punition du coupable écrivain assez audacieux pour méconnaître le caractère du chef de la branche cadette, jusqu'à le supposer capable de détrôner la branche aînée. La supposition seule de la possibilité d'un pareil événement, aurait paru à Son Altesse une odieuse calomnie. C'est sans doute à ce mouvement d'une indignation vertueuse que l'organe du ministère public, M. Brethous de La Serre, fit allusion lorsqu'il dit, dans son réquisitoire du 13 janvier 1828, contre M. Cauchois-Lemaire : « Ce n'est
» point par les vertus qui distinguent Son Altesse
» Royale, ce n'est pas par l'attachement inexpri-
» mable qu'il porte au principe de la légitimité,
» que l'auteur appelle sur le premier prince du

» sang les affections et intérêts de la France. Il
» semble même disposé à faire à Son Altesse
» Royale un reproche de sa fidélité, et à s'irriter
» de ce qu'elle est le modèle de l'attachement,
» du dévoûment, de la soumission et de l'obéis-
» sance qui sont dus au Roi ! »

Nous avons cru que ces mémorables paroles méritaient d'être conservées à la postérité, pour qu'elle connût toute l'étendue du dévoûment du premier prince du sang envers la royauté légitime, et l'empressement que mit la branche aînée à protéger le chef de la branche cadette contre la colère factieuse de M. Cauchois-Lemaire, qui méritait bien de subir un emprisonnement et de payer une amende, pour n'avoir point pardonné à M. le duc d'Orléans « d'être
» le modèle de l'attachement, du dévoûment,
» de la soumission et de l'obéissance qui sont
» dus au Roi. »

CHAPITRE XVIII.

SOMMAIRE : L'anarchie annoncée par M. de Martignac devient visible dans le feuilleton. — Symptôme littéraire d'une situation politique. — M. Janin au *Journal des Débats*. — Son talent était appelé par la nouvelle situation. — Appréciation du talent de M. Janin. — Il était né pour le journal. — Anecdote curieuse sur sa première jeunesse. — Il est dans la littérature ce que M. Thiers est dans l'éloquence. — Deux types intellectuels. — Quel est celui auquel M. Janin appartient. — Qualités et défauts de son style. — Il descend d'une lettre de madame de Sévigné et d'une page de Jean-Jacques. — Il rencontre la vérité et cherche le paradoxe. — Inconvénient de sa manière. — Ces inconvéniens sont plus graves dans les livres. — A proprement parler, M. Janin n'a pas fait de livre. — Ce qu'il faut penser de *Barnave* et du *Chemin de Traverse*. — La véritable patrie de M. Janin est dans le journal. — Il est le champion de la littérature facile contre la littérature difficile. — Parallèle de Geoffroy et de M. Janin. — Ils répondent à deux situations différentes.

Peu de temps avant sa chute, M. de Martignac apercevant, dans l'esprit de perturbation dont une partie de la chambre était travaillée, le germe des tempêtes que couvait l'avenir, laissa tomber du haut de la tribune cette parole qui fut l'arrêt de mort du ministère de conciliation et le signal de l'avènement d'un nouveau cabinet : « Nous marchons à l'anarchie ! »

On marchait à l'anarchie en effet ; si les esprits n'avaient pas été sous le poids d'une préoccupation bien puissante, des indices manifestes leur auraient révélé cette tendance, et la partie littéraire du *Journal des Débats* aurait eu pour eux des indications à cet égard, aussi bien que la partie politique. Nous l'avons dit au commencement de cette histoire : quand une situation se présente, elle appelle à elle les hommes dont elle a besoin. C'est ainsi que nous avons montré Geoffroy, venant avec la sévérité de ses principes littéraires, son esprit positif et sa critique aux allures fermes et arrêtées, pour être l'interprète de la réaction qui commençait contre les idées révolutionnaires et les théories anarchiques du philosophisme voltairien. Les choses étaient bien changées à l'époque dont nous parlons ; comme M. de Martignac l'avait dit : on allait à l'anarchie dans les faits et dans les idées; le *Journal des Débats* se séparait des principes de stabilité qu'il avait tant contribué à rétablir, et voulait courir les aventures d'une révolution; il allait entrer dans une carrière où il devait être nécessaire d'éluder les questions au lieu de les traiter, de jouer avec les difficultés au lieu de les résoudre. Cette situation devait s'exprimer dans la littérature par l'avènement d'un nouveau roi du feuilleton, et l'écrivain dont il s'agit a jeté et jette encore trop d'éclat sur la partie littéraire du *Journal des Débats*, pour que son nom ne soit point prononcé dans ce livre, et qu'une appréciation de son talent n'y trouve point sa place.

Nous ne devons point dissimuler, dans l'histoire d'un journal, les inconvénients de la presse périodique. Dans le temps où nous écrivons, le journal tue le livre. Au milieu des officines de la presse quotidienne, sur un autel où brûle un feu qui ne s'éteint jamais, il se fait, chaque jour, une effroyable consommation de talens et d'idées. Bien des avenirs avortent, bien des gloires s'escomptent à courte échéance. Les écrivains qui ont le malheur d'être entraînés dans ce torrent où les jette la fatalité de leur étoile, plutôt que leur propre volonté, n'ont que le temps de crier à la postérité en passant devant elle : « César, ceux qui vont » mourir te saluent. » Mais quels qu'en soient les inconvéniens, cet état de choses existe. La presse quotidienne, cette conscription d'un nouveau genre, a mis l'intelligence en coupe réglée. Par une loi qu'on retrouve invariablement dans l'histoire, les esprits distingués vont à elle parce qu'elle est la puissance de l'époque, et que, si elle ne domine pas toujours le présent, toujours elle prépare l'avenir. Parmi ces esprits distingués qui sont descendus dans l'arène de la critique littéraire, il n'est personne qui ignore le rang qu'occupe M. Janin. Par un heureux concours de circonstances, cet écrivain se trouve en dehors des regrets que nous avons exprimés relativement aux torts nombreux du journal envers la littérature. La conscription prenait, avec les gens nés pour la paix, des hommes nés pour la guerre. Ainsi a fait la critique par rapport à M. Janin : en le plaçant dans le feuilleton, c'est un soldat qu'elle a mis à son poste.

M. Janin est, à proprement parler, né pour le journal. Sa facilité d'esprit est merveilleuse, la souplesse de son style s'applique à tous les sujets. Nous ne serions point éloignés d'accueillir l'anecdote assez accréditée, d'après laquelle il aurait, dans les premières années d'une jeunesse arrêtée par les obstacles qui arrêtent presque toutes les jeunesses intelligentes, consacré son talent encore inconnu à écrire un livre de médecine dont un vieux praticien, plus habitué à tenir la lancette que la plume, lui aurait confié la forme, se réservant de lui en fournir le fond. Esculape dictait, M. Janin écrivait ; ce qui n'a probablement ni augmenté ni diminué le nombre des maladies.

Cette facilité vraiment extraordinaire est demeurée le cachet du talent de M. Janin, et c'est ce qui le rend si propre à la guerre que fait la critique dans les journaux. Son talent est une improvisation écrite, comme l'éloquence de M. Thiers est une improvisation parlée. Chez l'un et chez l'autre, les mots, par leur choc électrique, font jaillir les idées. M. Janin se laisse aller au courant d'un article, comme M. Thiers au courant d'une harangue, et rarement ces deux fortunés aventuriers du talent, font naufrage avant de toucher au port. Sterne a dit quelque part : « Je croirais manquer de confiance à la » Providence si je savais, en m'asseyant devant » ma table, ce que je vais écrire. » En adoptant ce système, M. Janin est, de tous les écrivains, le plus respectueux pour la Providence, car chez lui tout est le fruit de l'inspiration, il pense et il écrit de verve.

De même que, suivant qu'on s'avance vers le midi, ou qu'on se rapproche du nord, on voit la terre s'épanouir par une végétation facile et spontanée, ou recéler long-temps dans son sein et n'accorder qu'à d'opiniâtres labeurs les trésors de ses moissons ; de même il y a des esprits qui, puissans par l'imagination, ont leurs facultés à fleur d'intelligence, si l'on peut s'exprimer ainsi, et produisent leurs fruits sans préparations et presque sans culture, tandis que d'autres esprits, prenant dans la réflexion toute leur puissance, enfantent laborieusement au soleil des idées formées dans le secret de leurs méditations, et qui ont plus de maturité et de vigueur. L'écrivain dont nous nous occupons appartient à la première de ces deux espèces. Son talent a le luxe, la facilité et l'abondance de la végétation méridionale ; mais il n'a point la sève de la végétation du Nord. Son style rit en grappes dorées et serpente en gracieux festons, comme ces vignes vagabondes qui courent sur les collines de nos provinces du Midi ; mais ce style manque de solidité, de corps, d'étendue. Sa phrase se précipite rapide et échevelée ; elle va par sauts et par bonds, elle va à travers champs, franchissant les obstacles, à moins qu'elle ne s'y brise, s'arrêtant pour cueillir des fleurs au bord des fontaines, mais laissant aussi ses dépouilles suspendues aux épines des buissons ; brillante et désordonnée, gracieuse et sans règle, portant la ceinture lâche des courtisanes de la Grèce, et, comme elles, capricieuse et folle. On dirait un tourbillon qui emporte avec lui tout ce qu'il trouve sur sa route. Les phrases de ce style se passent le lecteur de main en main et l'obligent à courir avec elles, si bien que, lorsqu'on est arrivé, on se réjouit à la fois d'être au terme d'une fatigue, et l'on regrette d'être à la fin d'un plaisir.

Nous croyons que les styles ont une filiation comme les hommes. Il y a certains types généraux auxquels on peut tout rapporter; dans le royaume des idées il y a aussi des fondateurs de races. Si l'on nous demandait la filiation du style que nous venons de définir, nous dirions qu'il descend en droite ligne de la lettre de Mme de Sévigné sur le mariage de la grande Mademoiselle avec le duc de Lausun, et d'une de ces pages pleines de couleurs de Jean-Jacques, où la nature qu'il aimait tant, peut-être pour se dispenser d'aimer l'humanité, venait réfléchir ses merveilleuses splendeurs.

Ce mouvement rapide d'un style où chaque mot court après le mot qui le suit, comme s'il s'agissait de le gagner de vitesse, c'est de la fameuse lettre qu'il descend ; seulement un caprice de Mme de Sévigné est devenu une habitude de M. Janin, l'extraordinaire du dix-septième siècle est passé, dans le dix-neuvième, en service ordinaire. D'un autre côté, ces images colorées qui se lèvent parfois comme de fraîches apparitions au-dessus de ce style qui court d'un pas si impétueux, sont un reflet de la manière de Jean-Jacques. Singulière association, d'où il résulte une langue qui n'a ni le naturel de celle de Mme de Sévigné, ni le sérieux de celle de Rousseau, mais qui cependant n'est point dépourvue de grâce et d'expression.

Nous serions tentés de pousser plus loin cette analogie. Mme de Sévigné, qui n'a jamais dit que Racine passerait comme le café, quoi qu'en ait écrit Voltaire, qui faisait des romans en épigrammes aussi bien qu'en histoire, Mme de Sévigné, cette femme d'un sens profond et d'un esprit si droit, semble quelquefois communiquer à M. Janin, avec une ombre de son style, quelque chose de la rectitude de son jugement. Au milieu de cet entraînement de paroles, on rencontre chez lui des aperçus d'une finesse exquise et des remarques d'une justesse incontestable. D'où lui viennent ces aperçus ? Il est difficile de le dire. Cependant on comprend qu'en suivant la maxime de Sterne, en écrivant à la grâce de Dieu, l'auteur ouvre la porte à tous les hôtes qui se présentent; or le sens commun, cette qualité si rare, arrive à son tour, par hasard, comme le reste. Mais souvent aussi Rousseau, l'homme du paradoxe, souffle à M. Janin cette verve dont il était rempli.

Tantôt l'esprit aventureux de l'auteur se plaît à grimper dans les propositions les plus escarpées et à s'y maintenir, à grands renforts de mauvaises raisons et de bonnes épigrammes; tantôt il exagère la vérité afin de la faire ressembler le plus possible à l'erreur, sans doute pour lui ménager, parmi ses lecteurs, un plus bienveillant accueil. Et tout cela est dit avec cette verve qui est le caractère du talent de M. Janin, avec une verve de bonne humeur, aussi gaie que la verve de Rousseau était chagrine; dans ce style où toutes les phrases commencent à la fois, se coudoient, s'empressent, parlent ensemble, comme les écoliers de la célèbre gravure anglaise qui représente le vacarme dans l'école (1); dans cette langue qui semble être une folle journée, une espèce de Fronde littéraire où tous les rangs, toutes les positions sont confondus dans un joyeux chaos, où Condé cultive des fleurs, où Gondy laisse passer la crosse de son bréviaire, où Turenne compose des distiques, et où Mlle de Montpensier tire le canon.

Nous ne parlons, on le voit, de M. Janin que comme journaliste. C'est que, malgré l'opinion généralement répandue, nous croyons que,

---

(1) *Uproar in the school.*

bien qu'il ait publié plusieurs volumes, il n'a jamais fait de livre. Ses qualités d'esprit et de style qui le servent si bien dans un journal, deviennent en grande partie des défauts quand il compose un ouvrage. Cette verve avec laquelle il vous entraîne, ce mouvement de phrases et d'idées qui vous pousse et vous porte dans la sphère du feuilleton, vous fatigue et vous épuise, quand la carrière est plus longue. On traverse bien un bourg au pas de course, mais non pas une province ou un royaume. Ajoutez à cela que M. Janin est l'homme des parenthèses, et que les parenthèses, dans les livres, deviennent des épisodes. Il est à peu près question de tout dans ses ouvrages, excepté du sujet et du héros, et le lecteur, s'agitant sans avancer, se lasse de jouer le rôle de ce voyageur de la légende, qui, faisant un pas en avant et un pas en arrière, se retrouva le matin à la place qu'il avait cru quitter le soir.

Ceux qui ont lu *l'Ane mort*, *Barnave*, *le Chemin de Traverse* et les autres volumes publiés par M. Jules Janin, comprendront cette observation. On y admire de belles pages, de poétiques inspirations, des chapitres écrits de verve; mais où est le livre?

Est-ce Barnave, le plus long de tous les ouvrages de l'auteur? Mais Barnave ne se compose que d'épisodes. Un livre où l'on rencontre le supplice épouvantable des filles de Séjan à côté de la première représentation du *Mariage de Figaro*, un livre où le lecteur passe de Mirabeau agonisant dans sa gloire, au crétin cherchant à compléter sa sensation sur son fumier : un tel livre, fantasque comme l'esprit de l'écrivain, où tout entre et d'où tout sort, n'est à vrai dire qu'un feuilleton en quatre volumes, écrit avec un merveilleux talent sur cette formidable tragédie qu'on appelle la révolution française.

Tant que le dénoûment n'arrive pas, on demande pourquoi le dénoûment tarde tant à venir? Quand enfin il se montre, on demande pourquoi il est venu? C'est un cliquetis d'images et d'idées incohérentes qui se heurtent dans la tête de l'auteur ; c'est une émeute intellectuelle qu'il a rapportée du spectacle d'une révolution. Le Roi si saint et si pur, la Reine si majestueuse et si belle, Mirabeau si puissant, Philippe-Egalité, cette grande honte d'une époque où il y eut tant de hontes, et puis toutes ces gracieuses femmes jetées comme des guirlandes sur le rideau qui allait se lever pour laisser voir un drame de sang, les plaisirs et la politique, les joies et les conspirations, les crimes et les fêtes, tout se confond dans ce cauchemar plein d'imagination d'un homme de talent qui, s'endormant sans doute sur l'histoire de M. Thiers, a rêvé de la révolution française, et a écrit son rêve avec ses incohérences et ses tumultueuses beautés, dès qu'un rayon de lumière, passant à travers sa fenêtre à demi-close, est venu lui toucher les yeux.

Vous retrouvez à peu près les mêmes caractères dans le *Chemin de Traverse*, de tous les chemins celui que prend le plus rarement l'auteur. Il y a dans cette composition de touchans épisodes, un style souvent remarquable, quelquefois fatigant, à cause de cette agitation perpétuelle qui y règne ; car le style de M. Janin est comme un fleuve qui, en outre de son mouvement général, a autant de mouvemens particuliers que de flots. Mais dans cette galerie de gracieuses miniatures, le dessin de la composition principale se perd. Cet esprit, amoureux des détails, se préoccupe peu de la pensée d'ensemble ; il marche pour marcher, sans trop savoir où il va ; il peint tout ce qu'il rencontre, fait une halte devant tous les sites qui lui plaisent, et l'idée ne lui est jamais venue, qu'ordinairement c'est pour arriver que l'on part.

Le *Chemin de Traverse* est tout entier écrit dans ce système. Tant que le héros est aux champs, M. Janin compose de gracieuses églogues et de fraîches bucoliques. Est-il à la ville ? l'auteur écrit des satires pleines d'une mordante hyperbole, comme celles de Juvénal. Mais ici encore où est le livre ? où est l'ensemble ? où est le nœud qui lie toutes ses parties ?

où est le corps formé par ces chapitres qui, se levant, comme une joyeuse volée d'oiseaux, passent, en battant de l'aile, au-dessus du front du lecteur? Qu'on nous passe cette comparaison : un livre avec sa pensée générale qui domine le sujet, qui règne, et nous en demandons pardon à M. Thiers, qui gouverne toutes les idées particulières, qui fait sentir partout le bout de son sceptre, qui partout laisse voir le fleuron de sa couronne; un livre avec cette pensée dominante, régnante, gouvernementale, est une monarchie. Eh bien! M. Jules Janin n'écrit que des républiques.

C'est que M. Jules Janin est, comme nous l'avons dit, bien moins auteur que journaliste. Le journal, avec son improvisation du jour, de l'heure, de la minute, voilà son triomphe; le journal, pour lequel il faut s'inspirer, concevoir, écrire à la fois; le journal, cette tribune qui ne se tait jamais, et où la veille a un grand ennemi qui la fait oublier le lendemain; le journal, où il faut faire un ensemble avec le détail, un poème avec un chant, un ouvrage avec un chapitre, c'est là son domaine, son empire, sa patrie, à lui l'homme de l'expression instantanée et de l'inspiration soudaine. Aussi l'a-t-on vu, dans un duel littéraire qui, il y a quelques années, troubla pendant plusieurs semaines la profonde indifférence du public à l'égard des lettres, se faire le champion de la littérature facile contre la littérature difficile, sa sœur, sœur un peu sérieuse, comme toute sœur aînée. Cette dispute de M. Nisard contre M. Janin était à proprement parler la guerre du livre contre le journal. Chacun combattait pour ses foyers et ses autels domestiques; celui-là pour la réflexion qui enfante laborieusement ses fruits, celui-ci pour l'imagination avec ses fleurs facilement écloses; le premier pour le travail, ce lent ouvrier qui découvre en creusant des richesses enfouies; le second pour l'improvisation, cette brillante fée dont toutes les richesses sont au bout de sa baguette. Disons-le à l'honneur de M. Jules Janin, l'avantage de la journée lui resta contre ce docte adversaire. La critique légère l'emporta sur la critique sérieuse, la littérature facile sur la littérature difficile, l'inspiration sur la réflexion, le journal sur le livre. Pourquoi aussi le livre avait-il accepté, pour champ de bataille le journal?

Quoique à l'époque où M. Jules Janin entra au *Journal des Débats*, il n'eût point encore composé la plupart des ouvrages qui nous ont servi à apprécier son talent, nous avons cru qu'ils étaient un des élémens naturels de cette appréciation littéraire. En rapprochant son nom de celui de Geoffroy, il n'est point entré dans notre idée de faire un de ces parallèles envieux qui plaisent à la malignité publique, parce qu'on y voit toujours la réputation d'aujourd'hui sacrifiée à la réputation d'autrefois, en vertu de ce privilége qu'ont les gloires après l'épitaphe et les renommées, couchées sous leur piédestal au lieu d'être debout au-dessus. Laissons aux hommes leur valeur, et n'allons pas ramasser les pierres tumulaires de leurs devanciers, afin de lapider les talens contemporains. Répétons-le, seulement les deux situations étaient différentes : chacune d'elles appela un homme à sa taille. La réaction chrétienne et sociale du consulat trouva son expression dans Geoffroy, cet érudit d'une science profonde, ce professeur émérite nourri de l'étude de tous les modèles de l'antiquité, ce rude héritier de Fréron, comme lui sans pitié pour les principes et la littérature de Voltaire. L'anarchie des idées de la fin de la restauration et des années qui suivirent, rencontra son symbole dans M. Janin, ce critique d'une facilité incomparable, d'une souplesse d'esprit merveilleuse et d'une intarissable verve. Geoffroy, ce roi sévère et quelquefois despotique du feuilleton, marche à un but, il suit une route qu'il s'est tracée d'avance, il y a dans son action sur la littérature quelque chose de systématique et de régulier. M. Janin, ce régent un peu fantasque du royaume des lettres, marche au hasard, sans idées bien arrêtées sur le but auquel tendent ses efforts ; il agit sur ses lecteurs pour agir sur eux, sans s'occuper de l'effet qu'il produira, pourvu qu'il y ait un effet de produit. L'un se montre devant la société et l'instruit en la guidant dans une réaction sociale ; le second se montre à côté d'elle, et l'amuse et l'intéresse par une conversation pleine d'esprit, de gaîté et d'aperçus ingénieux, sans s'inquiéter beaucoup plus qu'elle de la route où elle chemine. Les articles du premier sont le développement d'un système ; ceux du second sont des variations brillantes à propos de tous les sujets. Geoffroy domine la situation, et son talent âpre et dur lui imprime une impulsion nouvelle ; M. Janin suit la situation en jouant et son talent en distrait. Le feuilleton doctrinal et aux allures arrêtées de Geoffroy, reflète la ligne constante d'un journal qui tend à la reconstruction de toutes les bases sociales ; le feuilleton aventureusement spirituel et aux allures poétiquement paradoxales de M. Janin, reflète l'incertitude d'un journal qui n'a plus de ligne, et qui vit avec l'anarchie dans laquelle il a jeté la société. Que vous dirai-je de plus ? Au temps où le critique dont il s'agit prit le sceptre, c'est-à-dire la plume, la politique avait la fièvre, la littérature la gagna.

CHAPITRE XIX.

Sommaire : Influence de la tactique du *Journal des Débats* sur la nomination du ministère du 8 août.—Il avait rendu à la monarchie le choix d'un bon ministère impossible. — Opinion de plusieurs membres du cabinet du 8 août sur leur situation. — Détails secrets et anecdotes sur l'intérieur de ce cabinet. — Opposition violente des *Débats*. — Célèbre article.—Malheureux Roi ! malheureuse France ! — Le *Journal des Débats* déféré aux tribunaux. — Il est condamné et il en appelle en cour royale.—Opposition systématique. — En quoi le *Journal des Débats* se rapprochait de l'école anglaise. — Origine et marche de cette école. — Jacques II et Charles X.— La révolution de 1688. — Le jésuitisme. — Hampden et le refus d'impôt. — Puissance d'une date et d'un parallèle.— En quoi les *Débats* se séparaient de l'école anglaise. — Quelle était leur raison pour s'en séparer. — Leur opposition n'était que plus dangereuse. — Attaques fardées de dévoûment. — Le *Journal des Débats* gagne son procès en cour royale. — Horoscope de Henri Dieudonné par M. Dupin. — Discours de M. Bertin. — Réflexions sur ce discours.

On a vu comment le *Journal des Débats*, en marchant avec ceux qui voulaient forcer l'entrée du pouvoir, au lieu d'attendre que la porte s'ouvrît d'elle-même, précipita la royauté dans le ministère de M. de Polignac. Sans doute, c'était un grand malheur politique que la formation de ce cabinet placé en dehors des conditions parlementaires. Mais ce malheur, à qui fallait-il l'attribuer? N'était-ce point à ceux qui, comme les *Débats*, avaient voulu faire violence à la prérogative royale, qui lui avaient montré le centre gauche animé des passions les plus anti-gouvernementales, et qui, en même temps, avaient cherché à imposer comme une nécessité immédiate, un ministère choisi dans cette nuance politique qui semblait prendre à tâche de mériter la défiance de la royauté, tout en réclamant la plus haute marque de confiance qu'un roi puisse donner à des sujets? Chose étrange! ce journal voulait, disait-il, assurer la durée du gouvernement représentatif, et il acculait la royauté dans une telle position, qu'il ne lui restait plus que le choix de passer sous les Fourches Caudines d'un ministère animé de passions mauvaises qu'il ne dissimulait pas, ou de se réfugier dans le périlleux asile d'un cabinet choisi en dehors des majorités.

Ainsi, lorsque la feuille dont il est ici question reprocha avec tant de colère et d'acrimonie au trône la nomination du ministère de M. de Polignac, c'étaient ses propres torts qu'elle lui reprochait. C'était elle, en effet, qui avait placé le roi de France dans cette cruelle alternative, de prendre un ministère à lui, qui ne fût pas le ministère de la chambre, ou d'accepter des mains de la chambre un ministère qui ne fût pas celui du Roi. Quelle que fût la décision du monarque, il n'avait le choix qu'entre deux extrémités, c'est à dire entre deux périls; quel que fût le cabinet, il devait être, politiquement parlant, mauvais et fatal, parce que les circonstances sous l'empire desquelles il avait été choisi, étaient fatales et mauvaises.

Ceux des membres du ministère du 8 août qui appréciaient le mieux la situation parce qu'ils avaient vu de plus près le pays, ne se dissimulèrent point cet état de choses. Quand on connaît le secret des négociations qui eurent lieu pour la formation ou le remaniment du dernier cabinet de la monarchie, on voit que la plupart des hommes qui consentirent à en faire partie, acceptèrent une place dans les conseils du Roi, comme dans un jour de bataille on accepte le poste le plus voisin du péril. Ils se résignaient au pouvoir au lieu de l'ambitionner; car, dans ce temps-là, le pouvoir ressemblait à ce lit de fer rougi au feu, sur lequel on étendit ce malheureux empereur du Mexique ; le pouvoir, c'était l'impuissance de faire le bien et d'empêcher le mal, un martyre de tous les jours, où l'on était certain de laisser, sous les langues de feu de la presse, non seulement sa réputation d'homme d'état, mais sa réputation d'homme de bien.

Le monarque et les ministres comprenaient également cette situation, car Charles X demandait comme un sacrifice, à ceux qu'il comptait parmi ses serviteurs les plus dévoués, leur acquiescement à l'ordonnance qui les nommait ministres, et ceux auxquels il s'adressait ne cédaient qu'après une longue résistance et entraient, pour ainsi parler, à reculons dans ce ministère, derrière lequel on eût dit qu'ils entrevoyaient les hautes tourelles d'une prison d'état. Quand ils avaient accepté, tout n'était point fini encore; ces captifs du pouvoir aspiraient à leur liberté avec bien plus d'impatience que n'en témoignèrent depuis les prisonniers de Ham. C'était M. de Chantelauze, qu'il fallut solliciter à trois reprises différentes, pour lui faire accepter le portefeuille qu'il avait refusé le 8 août et au mois de novembre; encore ce ne fut qu'après une entrevue qu'il eut à Grenoble avec M. le Dauphin, et sur les instances de ce prince, qu'il rétracta ses premiers refus. C'était M. de Guernon qui suppliait le Roi de pourvoir à son remplacement et qui ne demeurait ministre que par obéissance, enviant le sort de MM. de Chabrol et de Courvoisier qui avaient pu briser leur chaîne. Le moyen qu'on employait pour retenir les membres du cabinet qui parlaient de s'éloigner, ne variait point, c'était le péril même du

poste qu'il s'agissait de quitter. Quand le président du conseil apprit à M. de Guernon la retraite des deux membres que nous venons de nommer, celui-ci exprima son étonnement de n'avoir point été admis à partager leur sort, et pria instamment le personnage politique qui lui annonçait cette nouvelle, de proposer au Roi son remplacement immédiat. Il lui fut répondu que c'était impossible, absolument impossible, que le Roi ne voulait plus entendre parler de changement. « Certes, ajouta-t-on, vous ne voudriez
» pas donner votre démission dans les circon-
» stances où nous sommes. En face d'une situation
» pareille, la retraite aurait l'air d'une fuite.
» Montbel en est si convaincu qu'il s'est résigné
» à prendre le ministère des finances qu'il avait
» d'abord refusé. »

M. de Montbel avait accepté en effet le ministère des finances, mais ce n'avait été qu'après la résistance la plus longue et sur les instances les plus pressantes du Roi. Voici comment il racontait lui-même à un de ses collègues les

moyens dont on s'était servi pour vaincre sa répugnance et triompher de ses refus. « J'avais
» deux fois refusé le ministère des finances, qui
» m'avait été offert d'abord par M. de Polignac,
» ensuite par le Roi lui-même. Avant-hier le
» Roi m'a de nouveau mandé à Saint-Cloud.
» Comme je répondais à de nouvelles instances
» par un nouveau refus, cet excellent prince est
» allé jusqu'à me serrer entre ses bras, en me de-
» mandant si j'aurais la cruauté de l'abandonner
» au milieu des embarras qui l'assiègent ; les ma-
» nières séduisantes du Roi ont été plus fortes
» que ma raison, j'ai promis d'accepter ; mais dès
» que je n'ai plus été sous le charme, j'ai compris
» toute l'étendue de la faute que j'avais commise,
» et j'ai envoyé mon refus par écrit. Le Roi m'a
» fait encore une fois appeler, et après de nou-
» velles instances il m'a dit : *Je vous demande*
» *d'accepter par amitié, par dévoûment pour ma per-*
» *sonne. D'ailleurs je l'exige comme Roi. L'ordon-*
» *nance est faite, elle sera signée demain et envoyée*
» *au Moniteur. J'espère qu'après cela vous n'aurez*

» *pas le triste courage de m'affliger par un refus*
» *public.* »

Vous le voyez, ces hommes comprenaient leur situation; ce ministère du 8 août avait l'instinct de sa fatale destinée. Il subissait le pouvoir, il ne le désirait pas, et il y avait dans l'attitude de la plupart de ses membres quelque chose de triste et de résigné qui devait ne point échapper aux regards.

Rien cependant ne put désarmer la presse de l'opposition, et au nombre des manifestations les plus véhémentes on compta celle du *Journal des Débats*. Ses espérances de pouvoir venaient d'être déçues; sa combinaison de centre gauche semblait être pour long-temps écartée; il versa sa surprise et sa colère dans un article écrit de verve, et dont la pensée tout entière réside dans les premiers mots par lesquels il commence et dans les dernières lignes par lesquelles il se termine. « Le voilà encore une fois brisé, s'écriait
» le journal, ce lien qui unissait le peuple au mo-
» narque! » Puis il finissait par cette exclamation

demeurée célèbre : « Malheureux Roi ! Malheu-
» reuse France! »

Cette impétueuse déclaration de guerre fut remarquée au milieu de tant d'autres déclarations de guerre jetées au ministère par les cent voix de la presse. Il y avait dans les conseils du Roi une profonde irritation contre le *Journal des Débats*, on en a vu plus haut la raison. On crut faire un coup d'autorité en déférant cette feuille aux tribunaux. Ce pouvait être une justice, mais dans l'état d'hostilité où se trouvait la magistrature vis-à-vis le gouvernement, c'était une faute. On obtint en police correctionnelle une condamnation contre la feuille incriminée : qu'importait ce médiocre avantage? Il était clair qu'elle porterait l'affaire en cour royale, c'est en effet ce qui arriva.

En attendant la solution définitive de ce procès, le journal continua à développer un système d'hostilité d'une habileté déplorable et qui devait amener la ruine de la monarchie. Chaque matin, son éloquence pleine de fiel laissait déborder un torrent d'invectives contre les hommes qui siégeaient dans les conseils du prince ; c'était un talent d'injures inépuisable, une fécondité de déclamations et une verve de haine qui ne se fatiguait jamais, une mordante hyperbole, une malédiction incessante qui tombait chaque matin sur le front du ministère proscrit : voilà pour la passion. Quant à la théorie politique qu'embrassa le journal pour soutenir des discussions plus sérieuses, nous devons, pour l'expliquer, remonter à une époque un peu plus éloignée, et parler d'une école dont le *Journal des Débats* embrassa en partie les idées.

Dès les premières années de la restauration, on vit se former en France cette école politique dont l'influence fut grande sur la destinée de la monarchie. Elle se composait d'admirateurs fanatiques de la constitution anglaise, et d'hommes intéressés à faire croire qu'elle pouvait être, sans inconvénient, transplantée sur la terre de France. Le but de cette école était de s'emparer de la direction du gouvernement au nom de je ne sais quelle souveraineté de la raison, dont les sectateurs se proclamaient les représentans. Sans remarquer les différences qui existaient entre les deux contrées, la présence d'une aristocratie en Angleterre, l'absence d'une aristocratie en France; là-bas, une classe politique nourrie dans l'expérience des affaires, et apte à gouverner en raison précisément du temps depuis lequel elle tenait le pouvoir; ici, toutes les classes également étrangères au maniement du pouvoir et pouvant lutter d'inaptitude et d'inexpérience; là-bas, une royauté empruntée au dehors et greffée sur la société; ici, une royauté contemporaine de la nation, et qui, après l'avoir défendue dans tous ses périls et suivie dans tous ses développemens, y devait naturellement occuper une plus grande place; sans remarquer toutes ces différences, l'école politique dont nous parlons voulut appliquer à la rigueur les principes de la constitution anglaise.

Ce fut elle qui mit en honneur certaines maximes qui annonçaient assez ses projets. Elle avait trouvé les plus belles phrases du monde sur l'omnipotence parlementaire, sur l'étendue des prérogatives parlementaires, sur le gouvernement des majorités, et elle tendait à annihiler la royauté en France pour lui substituer, on ne peut pas dire le gouvernement d'une classe, mais celui d'une coterie. Elle répétait, dans chaque occasion, des lieux communs sur l'inviolabilité des droits de l'opposition et sur l'usage suivi et appliqué en Angleterre; mais elle n'ajoutait pas qu'en Angleterre l'opposition était toujours circonscrite dans les limites d'une hostilité dirigée contre le ministère, et qu'en Angleterre l'époque de la première révolution étant déjà éloignée, il n'y avait en face du pouvoir que des ambitions de portefeuilles et non des ambitions de trône; tandis qu'en France les chutes et les élévations des pouvoirs s'étant succédées rapidement dans les dernières années, les partis exclus de l'autorité se ralliaient derrière le souvenir d'une des dernières formes de gouvernement. Quoi de plus? Dans la Grande-Bretagne, rompue à ce système parlementaire, on disait : « Echec au ministère! » en France on disait

« Echec au Roi! » Là était la grande différence.

L'école dont il est ici question ne voulait pas entendre parler de cette différence. Elle ne descendait point des nuages des théories et des doctrines, elle avait un superbe dédain pour tout ce qui se passait dans le domaine pratique de la réalité des affaires. Quand on lui objectait les faits, elle vous répondait : « Je vous méprise » comme un fait, » et elle recommençait à faire la classe à la France. C'était à elle qu'il appartenait, suivant ses propres paroles, d'assurer le jeu des institutions représentatives, et rien ne l'arrêtait quand il s'agissait d'atteindre ce but. En vain lui assurait-on que, si elle en usait à la rigueur, le mécanisme qu'elle prétendait mettre en mouvement, broierait des chairs vivantes et mutilerait la société à laquelle on l'appliquerait. Elle ne cessait point pour cela de pousser à la roue, tant elle était sous l'empire de son fanatisme pour l'Angleterre. Si vous lui objectiez la position des partis, les périls de la situation, les tempêtes du passé, l'incertitude de l'avenir, le danger de précipiter la France dans une nouvelle crise, elle répondait que cela se passait ainsi dans la Grande-Bretagne, et elle croyait avoir tout dit. Il semblait, à entendre ces gens-là, que le résultat qu'Edouard et son successeur avaient en vain tenté de réaliser avec leurs armées, que Jeanne d'Arc et Duguesclin avaient prévenu par des miracles de patriotisme et de vaillance, il semblait que ce résultat eût été obtenu sans coup férir, et que la France, renonçant à une antipathie écrite sur tant de champs de bataille, et qui s'était manifestée sur tous les points du globe et sur toutes les mers, se fût comme par enchantement éveillée anglaise.

A mesure que les événemens se déroulèrent, cette déplorable anglomanie augmenta. L'école dont nous parlons était frappée de la commodité qu'il y avait à trouver dans l'histoire d'Angleterre des précédens pour toutes les difficultés. Sa préoccupation était portée si loin, qu'elle finit par vouloir transférer complètement l'histoire d'Angleterre dans l'histoire de France.

Il y avait eu en Angleterre, comme chacun sait, une situation bien grave en 1688. Un roi catholique s'était rencontré en face d'un pays protestant, et, quelque chose de plus encore, en face d'un clergé protestant qui s'était emparé des dépouilles du clergé catholique, en face d'une aristocratie qui avait eu part à ce pillage. Aucune mesure de réparation n'avait été prise, qui, en indemnisant les anciens propriétaires, pût donner aux nouveaux une garantie de sécurité pour leur possession, désormais sanctionnée. Cet état de choses était plus périlleux qu'on ne saurait dire. Il y avait un travail, une lutte dont le dénoûment pouvait être terrible. En effet, le roi catholique appelait un pays catholique, le pays protestant appelait un roi protestant; en d'autres termes, le pays cherchait à s'assimiler le roi, le roi le pays.

Ce n'est point tout encore. L'intérêt anglais était à cette époque, comme il l'a toujours été, diamétralement opposé à l'intérêt français; mais d'un autre côté, la France était à cette époque la grande puissance catholique. De sorte que Jacques II inclinait vers l'alliance de Louis XIV à cause de la communauté de religion, tandis que son peuple aspirait à prendre place en tête de la coalition formée contre ce prince, suivant en cela l'instinct de cette antipathie qui a toujours régné entre l'Angleterre et la France. Ainsi, au dehors comme au dedans, il y avait des causes permanentes d'une mésintelligence dangereuse qui pouvait aboutir à un éclatant divorce. Au dehors, l'alliance française préférée par le Roi, et l'alliance des ennemis de la France désirée par le pays ; au dedans un intérêt de propriété ou de spoliation qui se croyait menacé par un roi catholique et qui désirait acquérir une garantie en faisant asseoir le protestantisme sur le trône.

L'école politique qui se ralliait aux idées anglaises, eut la rare clairvoyance de retrouver, dans la France de la restauration, cette situation de l'Angleterre de 1688. Il était difficile d'alarmer un pays catholique sur le catholicisme du roi, car ce catholicisme, qui pouvait être menaçant pour tant de gens en Angleterre, ne l'était pour personne en France. Cependant on prit un biais et on y parvint. Au lieu de parler du catholicisme, on parla du jésuitisme, et comme il arrive dans certaines occasions, précisément parce que la foule ne comprenait pas, elle crut. Le fantôme du jésuitisme évoqué par l'école anglaise, projeta une ombre immense sur le pays. Les esprits furent sous le prestige d'une de ces craintes mystérieuses qui entraînent quelquefois les armées les plus braves dans de honteuses déroutes. Il y eut comme une terreur panique en France, et on entretint les intelligences dans cet état de malaise et d'appréhension. On avait vu le monstre apparaître dans maintes circonstances, et on en racontait d'effroyables choses. Les journaux du libéralisme l'avaient aperçu tenant une sanglante épée dont la poignée était à Rome et la pointe partout. Il avait été une fois visible pour M. de Béranger, qui, dans l'état de terreur où l'avait laissé cette vision effrayante, avait cependant conservé assez de présence d'esprit pour lui consacrer deux ou trois chansons. Ses projets n'étaient pas douteux ; il voulait faire de la France un monastère dont il aurait les clés dans les mains. On fabriquait dans ce moment un filet assez grand pour y envelopper la nation tout entière. Le Roi lui-même était au nombre des affiliés, il était le chef d'une vaste conspiration contre son royaume et contre lui-même.

C'est avec tout ce système d'opposition emprunté aux protestans d'Angleterre, qu'on attaquait la royauté en France. On finit par persuader à la foule, tant il y a de puissance dans une chose souvent répétée! on finit par persuader à la foule que la patrie était en danger parce que le Roi très chrétien allait tous les jours à la messe. On fit un épouvantail de ses vertus chrétiennes, qui étaient une garantie pour le pays. On alla plus loin, on voulut compléter l'analogie entre Jacques II et Charles X. De même qu'en Angleterre les protestans avaient ému le sentiment national contre les Stuarts, qui gênaient le développement de la politique anglaise par leur alliance avec Louis XIV, on prétendit que les Bourbons gênaient en France le développement de la politique française, ce qui était absurde, comme l'événement l'a prouvé. Cette halte nécessaire qui avait eu lieu après les catastrophes de l'empire, on l'appela une halte dans la boue. En un mot, on n'omit rien de ce qui avait été fait en 1688, dans la Grande-Bretagne, tant qu'enfin la ressemblance des attaques porta les esprits légers et superficiels à croire à une identité de situation.

Alors l'école anglaise redoubla d'efforts. Elle affecta de répéter chaque matin le nom de la révolution de 1688. Ce fut pour elle un texte favori, le sujet habituel de ses réflexions, un thème privilégié sur lequel elle brodait tous les jours des variations nouvelles. Elle hochait gravement la tête en prononçant le mot de révolution de 1688 ; elle affectait d'y voir la clé de bien des difficultés, la solution de tous les problèmes, la fin de toutes les luttes. Comme elle avait disposé en faveur de la royauté française du rôle de Jacques II, on voyait bien qu'elle disposait en faveur de la chambre des députés du rôle du parlement anglais qui renversa ce prince. Ici revenaient toutes les doctrines sur l'inviolabilité de la prérogative parlementaire. La même école qui trouvait des raisons de toute nature pour démontrer à la royauté que sa prérogative, absolue dans la théorie, était restreinte dans l'application, trouvait des raisons tout aussi nombreuses pour établir que la prérogative parlementaire devait être inflexible dans l'application comme dans la théorie. Elle posait en principe que le Roi devait toujours céder, et que la chambre devait toujours en user à la rigueur avec la royauté. Si on lui faisait une seule objection, elle se contentait de répondre, comme on l'a dit plus haut, que c'était ainsi que les choses se passaient en Angleterre, sans réfléchir qu'en Angleterre c'était le parlement qui avait placé Guillaume sur le trône, et que l'origine de son pouvoir et le mode de son investiture rendaient logique et naturel l'état des choses dont on tirait mal à propos un précédent.

Nous ne pouvons exprimer toute l'influence qu'eurent ces souvenirs de la révolution de 1688 sur l'esprit public. Les idées du vulgaire aiment à trouver de ces cadres tout faits où elles n'ont que la peine de se placer. Ces analogies et ces comparaisons séduisent presque toujours les hommes qui croient rencontrer ainsi l'avenir dans des événemens déjà accomplis. Si l'école anglaise n'avait point réussi à mettre réellement la royauté des Bourbons vis-à-vis la France, dans la même position où se trouvait la royauté des Stuarts vis-à-vis l'Angleterre, elle avait au moins réussi à exciter contre les Bourbons les préjugés qui existaient contre les Stuarts. Elle avait inoculé aux esprits, à défaut du protestantisme religieux, le protestantisme politique. Elle avait remué les idées, et ce sont les idées qui font en France les révolutions, plus souvent opérées en Angleterre par les intérêts ; car le génie intellectuel, qui est le cachet de la France, et le génie du lucre qui est le type de l'Angleterre, se retrouvent jusque dans ces crises fatales.

L'école anglaise n'oubliait aucune analogie, ne laissait perdre aucun rapprochement. C'est ainsi que, dans les dernières années de la restauration, elle popularisa le souvenir d'Hampden, et prépara ainsi les associations pour le refus de l'impôt; car, par suite de la fiction qu'elle avait accréditée, l'école anglaise voulait absolument que la royauté et le pays se trouvassent en France dans le même état de lutte et de collision où ils s'étaient trouvés en Angleterre; et à force de leur répéter qu'ils y étaient, elle finissait par les y mettre. Certes on chercherait vainement dans toutes les histoires une combinaison plus étrange, une complication plus extraordinaire que celle dont la France fut alors témoin.

Il n'y avait entre la société et la royauté que des causes d'une union intime et d'une étroite sympathie, car la royauté était catholique comme le pays; elle avait la puissance et la volonté de suivre une politique française et nationale; elle était une sûreté pour tous les intérêts; elle n'était une menace pour personne; et cependant, à l'aide du mécanisme du gouvernement anglais et des souvenirs de l'histoire d'Angleterre, on finit par amener une scission entre ce pays et cette royauté qui avaient tant de motifs de marcher unis. On fit périr de la même chute Jacques II, que redoutait la propriété protestante, et Charles X, qu'aucune propriété ne pouvait redouter depuis l'indemnité ; Jacques II, roi catholique d'un pays protestant, et Charles X, roi d'un pays catholique comme lui-même ; Jacques II qui, par ses rapports avec Louis XIV, empêchait l'Angleterre de marcher en tête de la coalition européenne, et Charles X qui pouvait et voulait placer la France en tête de l'Europe.

Ce fut là le chef-d'œuvre de l'école anglaise, chef-d'œuvre incompréhensible si l'on ne savait point quelle est chez nous la puissance des idées et l'ascendant des opinions. A force d'agiter des fantômes au-dessus de la tête de la France, cette école arriva à produire des réalités. Elle féconda le sophisme, et du sein maigre et stérile du mensonge elle tira une révolution.

Le *Journal des Débats*, nous l'avons dit, avait adopté une partie des principes de l'école anglaise. Il était comme elle inflexible sur la prérogative parlementaire, comme elle il avait évoqué le fantôme du jésuitisme du sein des pamphlets protestans pour épouvanter la France; comme elle encore il propageait toutes les idées de résistance empruntées au souvenir de la révolution de 1688, et il était du nombre des feuilles qui canonisaient chaque matin dans leurs colonnes la mémoire d'Hampden. Mais il y avait entre l'école anglaise et les *Débats*, une différence qui rendait l'opposition de ce dernier bien plus terrible pour la monarchie: c'est qu'au lieu de présenter sans cesse la révolution comme imminente, il s'attachait au contraire à convaincre ses lecteurs qu'elle était impossible; de cette manière les rôles se trouvaient partagés, ainsi qu'on l'a dit plus haut. Le *Constitutionnel*, fondé par un des anciens directeurs du *Journal de l'Empire*, et qui n'était, à vrai dire, qu'une réapparition de ce journal dans l'état où l'avait mis M. Fouché lorsqu'il le livra à l'école philosophique et révolutionnaire, le *Constitutionnel* conduisait et excitait tous ceux qui voulaient faire une révolution, en leur montrant qu'elle était inévitable et nécessaire. Le *Journal des Débats*, derrière lequel marchait cette nombreuse portion des lecteurs du *Journal de l'Empire*, qui, attachés aux idées monarchiques, ne voulaient à aucun prix de révolution, endormait leur vigilance et prévenait le salutaire effet de leurs craintes, en leur parlant chaque jour de l'impossibilité d'une catastrophe révolutionnaire. De sorte que les gens qui voulaient renverser, croyant à l'imminence d'un renversement, déployaient une activité incroyable, et que les hommes qui avaient un instinct et des intérêts de conservation, croyant à l'impossibilité d'une catastrophe, croisaient les bras devant l'œuvre de destruction qui avançait chaque jour.

Le secret de la suite de la restauration est tout entier dans cette double influence. Sans le

Journal des Débats, l'action du *Constitutionnel* n'eût pas été assez puissante pour renverser la monarchie; mais quand on voyait cette opposition qui affichait tous les dehors du dévoûment, quand on entendait des paroles où le culte de la royauté se mêlait à la satire la plus véhémente des actes du ministère, on suivait en aveugle sans pouvoir se résoudre à croire qu'on marchait au renversement du trône Le *Constitutionnel* ressemblait à ces précipices taillés à pic dans le roc, qui inspirent, à celui qui les côtoie, de salutaires frayeurs; le *Journal des Débats* avait plus d'analogie avec ses pentes douces et glissantes, dont la déclivité, perfidement déguisée, conduit insensiblement dans des abîmes cachés à tous les yeux.

On put voir l'influence de cette politique, lors du jugement qui termina le procès que l'appel du *Journal des Débats* avait porté en cour royale. M. Bertin prononça, en cette occasion, un discours qui mérite d'être rapporté comme un des documens les plus précieux de cette histoire, comme une pièce authentique qui confirmera tout ce que nous venons de dire sur la position politique prise par la feuille incriminée.

On était au mois de décembre 1829, et dans cette époque de vives émotions et d'antipathies comme de sympathies passionnées, les portes du tribunal étaient assiégées, dès le matin, par une foule nombreuse empressée de connaître l'issue de ce duel entre le *Journal des Débats* et le ministère du 8 août. Lorsque M. Dupin eut achevé une harangue semée de ces rudes et âpres saillies qui sont le cachet de son éloquence, enluminée de la pédantesque érudition d'un fabricateur de gloses et de commentaires, et brillante en même temps de la verve remarquable, quoiqu'un peu bourgeoise, d'un de ces esprits parlementaires dont nous retrouvons le type dans tous nos troubles civils; lorsqu'il eut prononcé, au sujet d'un jeune prince aujourd'hui malheureux et proscrit, cette phrase qui contenait un horoscope :
« La mère du duc de Bordeaux a été partout
» accueillie comme elle devait l'être par les Fran-

» çais pour lesquels ce jeune prince est un objet
» d'espérance; il sera de son siècle, il aura ap-
» pris que les Français qui aiment leurs princes
» aiment aussi la liberté, que c'est un peuple fier
» et libre qu'il est appelé à gouverner; » lors donc
que l'avocat eût terminé son plaidoyer, M. Bertin se leva et prononça le discours suivant :

« Messieurs les Juges,

» Depuis trente-six ans que j'exerce une pro-
» fession honorable mais hérissée de difficultés,
» je puis me rendre le témoignage que, dans les
» journaux dont j'ai été propriétaire et rédacteur,
» jamais je n'ai écrit ou laissé écrire (toutes les
» fois que j'ai été libre) une phrase, laquelle n'eût
» pour but la défense des principes qui pouvaient
» seuls, selon moi, rendre au souverain légitime
» son royaume usurpé, à la France ses libertés
» perdues. Me suis-je trompé dans l'expression
» de ces principes? Je ne le crois pas, ma con-
» science serait là pour démentir l'erreur de mon
» langage.

» Sans remonter à des temps que déjà peu
» d'hommes ont vus, pour ne parler que du *Jour-*
» *nal des Débats* fondé par mon frère et par moi,
» il y a trente ans, ceux qui m'entendent ici sa-
» vent si je dis la vérité. Les ennemis du Roi
» m'ont d'avance et depuis long-temps rendu
» cette justice, témoin les saisies, les fuites exi-
» gées, les exils, la prison, les déportations pro-
» noncées tant de fois contre moi, et par la Ré-
» publique et par l'Empire, comme partisan re-
» connu et déclaré de la maison de Bourbon. A
» Dieu ne plaise que je parle de ces choses pour
» me vanter! je n'ai fait que mon devoir en m'ex-
» posant aux dangers attachés à mon opinion.
» Tant de Français ont souffert (et parmi ces Fran-
» çais que d'illustres victimes!); tant de Français
» ont rendu de plus importans services que les
» miens, qu'il me siérait mal, à moi citoyen ob-
» scur, de me faire un droit de quelques sacri-
» fices; mais forcé de repousser une imputation
» que j'ai peut-être le droit de trouver étrange,
» j'ai voulu seulement rappeler à mes juges que

» je ne suis point un ennemi du trône, et que
» ma vie passée doit entrer en considération dans
» les arrêts que l'on peut porter sur ma vie pré-
» sente.

» La restauration me trouva, ainsi que mes
» associés, dépouillé de ma propriété du *Jour-*
» *nal des Débats.* Les termes mêmes de l'acte de
» spoliation pourraient me tenir lieu de certificat
» de fidélité au Roi. Le 31 mars 1814, je me res-
» saisis, avec mon frère, de notre propriété, au
» nom même de ce Roi qui avait été le motif
» avoué de notre spoliation.

» Vous savez, Messieurs, comment la cause
» de la légitimité fut défendue dans le *Journal*
» *des Débats*, jusqu'au 20 mars 1815, et parti-
» culièrement dans l'article du 20 mars. Obligé,
» par suite de cet article qui fut arrêté à la poste,
» mais distribué dans Paris ; obligé de fuir en-
» core une fois, je me retirai à Bruxelles, d'où
» je fus bientôt appelé à Gand pour rédiger le
» journal officiel du Roi : c'est le plus grand hon-
» neur et la plus grande récompense que j'aie pu

» recevoir. Là, sous les yeux mêmes du Roi, je
» continuai à combattre pour ces principes que
» la charte royale avait proclamés et que la dy-
» nastie légitime pouvait seule nous garantir.
» Louis XVIII appréciait ces articles, qu'un zèle
» trop ardent calomnierait peut-être aujourd'hui.
» La liberté s'était arrêtée avec la légitimité à
» quelques pas de la France, elle en rouvrit les
» portes à l'immortel auteur de la charte.

» De retour dans ma patrie, je repris la di-
» rection du journal que j'avais fondé; je n'ai
» cessé de défendre les vrais intérêts de la
» royauté, qui ne me paraissaient pas avoir dé-
» sormais d'appuis plus solides que ceux des in-
» stitutions octroyées par le monarque législa-
» teur.

» Alarmé pour ces intérêts, à la formation du
» ministère actuel; peu accoutumé à cacher mon
» opinion, surtout quand il y va de la monar-
» chie, je chargeai un de mes collaborateurs
» d'exprimer sa douleur et la mienne. Après
» avoir fait à son article les corrections, les chan

» gemens qui me parurent nécessaires, je le pu-
» bliai. Je demeure convaincu que mes équitables
» juges, qui ont entendu mon savant et éloquent
» défenseur, n'y trouvent pas le délit dont l'affli-
» geante supposition m'amène au pied de leur
» tribunal. Le sentiment même de cet article, s'il
» est vivement exprimé, est la preuve de ma
» loyauté et de mon innocence.

» Je ne sais si ceux qui se croient sans doute
» plus dévoués que moi au petit-fils de Henri IV,
» rendent un grand service à la couronne en
» amenant, devant une cour de justice, des che-
» veux blanchis au service de cette couronne; je
» ne sais s'il est bien utile que des royalistes
» qui ont subi les peines de la prison pour la
» royauté, les subissent encore au nom de cette
» royauté. Mais enfin, Messieurs, si, par impos-
» sible, mon défenseur n'était pas parvenu à vous
» faire partager son opinion et la mienne, j'ose
» me flatter que, d'après le peu de mots que je
» viens d'avoir l'honneur de vous adresser, au-
» cun de vous, aucun de ceux qui m'entendent

» ne pourra croire qu'arrivé au terme prochain
» d'une pénible carrière, j'aie voulu sciemment
» offenser, outrager, insulter celui qui fut tou-
» jours l'objet de mes respects, de mon amour,
» j'allais presque dire de mon culte. »

Cette harangue, qui serait vraiment touchante si l'on pouvait oublier les enseignemens donnés par la révolution de juillet, produisit l'effet qu'elle devait produire. Elle fit absoudre le *Journal des Débats* par le tribunal ; aujourd'hui elle le fait condamner par l'histoire. Ne pensez-vous pas qu'il y a au monde des consciences sur lesquelles doivent peser lourdement ces mots de *respect*, de *culte* et d'*amour*? Cette vie passée, prise à témoin, et les routes où elle avait marché, abandonnées pour de nouveaux chemins ; cette carrière, dont les grandes lignes devaient, disait-on, se maintenir droites et fermes jusqu'au tombeau, faussée et rompue avant le terme ; ce serment de n'avoir jamais, depuis trente-six ans, écrit une ligne qui n'eût pour but de rendre au roi légitime son trône usurpé, aboutissant à cette politique que vous avez pu suivre depuis sept années; ces cheveux alors attestés, parce qu'ils avaient perdu les vives couleurs de la jeunesse au service de la légitimité, achevant de blanchir au service d'une révolution, il y a dans ces rapprochemens quelque chose de pénible et de triste qui oppresse l'ame et serre le cœur.

CHAPITRE XX.

Sommaire : Mathieu Laensberg et le *Journal des Débats.* — Singulières prophéties de l'almanach pour 1830. — Dédaigneuses ironies du journal. — Il démontre de nouveau qu'un 1688 est impossible en France. — Déplorable situation du ministère du 8 août en face de cette terrible opposition. — Il n'a un peu de vie que dans les questions extérieures. — La question de la Grèce discutée en conseil. — Le prince Léopold refuse la couronne de ce pays. — Mot de M. le duc d'Orléans sur ce prince, auquel il ne consent point à donner sa fille. — Le prince Léopold est qualifié d'une manière sévère dans le conseil. — Révocation de la loi salique en Espagne. — Indignation de M. le duc d'Orléans et colère du *Journal des Débats.* — Question d'Alger. — Historique de cette question. — Pourquoi le ministère voulait prendre Alger. — Pourquoi le *Journal des Débats* et toute l'opposition voulaient empêcher cette conquête. — Une parole de M. Dupin. — Obstacles de tout genre que rencontre l'expédition d'Alger. — Le *Journal des Débats* conspire pour le Dey. — Réponses peu favorables de la marine. — Objections réfutées par deux jeunes officiers. — L'expédition résolue et proposée au Roi qui adopte l'avis du conseil. — Nouveaux obstacles. — Conduite de M. Duperré, on le menace de lui retirer le commandement. — Disposition du dehors. — L'Angleterre seule élève des difficultés. — Réponses faites à ses notes. — Jamais le gouvernement royal n'a pris d'engagement à l'égard d'Alger. — L'opposition des journaux continue. — M. Duperré devient le favori du *Journal des Débats.* — Paroles franches adressées au Roi dans le conseil. — Une conversation de M. Sébastiani lui est rapportée. — Le Roi, renfermé dans un problème insoluble, signe les ordonnances. — Ses paroles avant de les signer.

Le 1ᵉʳ janvier 1830, il arriva ce qui était arrivé

en 1813. Les esprits étaient frappés de sinistres pressentimens, un instinct secret avertissait les masses qu'on allait à une catastrophe, et cette croyance de la multitude se refléta dans cette publication annuelle dont on aurait tort de dédaigner le nom populaire, car c'est quelque chose pour un livre, de composer à lui seul la bibliothèque de la plus grande partie des chaumières de France; nous voulons parler de l'almanach de Mathieu Laensberg. Il ne faut point que cet humble titre fasse illusion sur l'importance qu'on peut attacher à ce genre de publication. Le gouvernement impérial, qui ne passait point pour avoir l'esprit faible, surveillait avec sollicitude la composition de ces petits livres destinés à être répandus dans tout le royaume, et l'on n'a point oublié cette vive altercation du directeur de la librairie impériale, avec un malheureux faiseur d'almanachs qui, pour jeter un peu de variété dans son ouvrage, avait fait voyager la peste annuelle qu'on lui accordait, et, au lieu de la mettre en orient, en avait gratifié par inadvertance, le royaume d'Italie où devait se rendre l'Empereur. Peu s'en fallut que l'imprudent astrologue ne fût privé de sa peste pour cette année, et ce ne fut qu'en promettant d'être plus circonspect qu'il obtint la permission de rentrer en jouissance de son fléau, dont il s'engagea à faire un meilleur usage à l'avenir.

Le *Journal des Débats*, qui est esprit fort, jeta à pleines mains l'ironie sur les prédictions de Mathieu Laensberg pour 1830. Or voici quelles étaient ces prédictions : « On se battra et l'on se » tuera cette année. Nous aurons la peste, la » guerre et d'énormes impôts. Août nous donnera » la famine et verra mourir une grande comé- » dienne. En septembre il y aura des banque- » routes. »

Sauf cette phrase, *août nous donnera la famine*, qui pourrait passer pour une allusion irrévérencieuse à la fondation du gouvernement actuel, délit prévu par les lois, dans le reste de sa prédiction Mathieu Laensberg, si dédaigneusement persiflé par le *Journal des Débats*, avait cependant raison.

Rien n'a manqué : la guerre dans Paris, la peste un peu plus tard, des banqueroutes effroyables, d'énormes impôts que nous payons encore ; quant à la grande comédienne qui devait mourir en août 1830, vous verrez que ce sera l'opposition de quinze ans. Certes, quoique ses menaces se soient réalisées, l'almanach n'était pas prophète ; cela prouve seulement qu'il y a des temps où l'on prédit à coup sûr en prédisant des malheurs.

Mais ces sinistres présages ne pouvaient convenir à la politique du journal qui avait pour système d'endormir toutes les craintes, d'apaiser toutes les alarmes et d'éteindre tous les flambeaux qui jetaient encore quelque clarté sur la situation. Nous avons dit en quoi il se rapprochait de l'école anglaise, et en quoi il s'éloignait de cette école. Au commencement de cette année 1830, il entreprenait encore de prouver qu'une révolution de 1688 était impossible en France, assertion dont ses lecteurs tiraient cette conséquence naturelle, qu'on pouvait sans danger pousser à l'extrême l'opposition contre la royauté, puisqu'en allant aussi loin qu'on voudrait on n'arriverait jamais à une révolution. Ce curieux parallèle entre la France de 1830 et l'Angleterre de 1688 doit trouver sa place dans cette histoire. Il a cela de remarquable que tous les axiomes qu'il pose sont justes, que toutes les vues qu'il exprime sont exactes. Les *Débats* montrent admirablement qu'une révolution de 1688 en France serait inutile, dangereuse, fatale, mauvaise; ils ne se trompent que lorsqu'ils concluent de là qu'elle est impossible. Presque toujours ce n'est pas le mal, c'est le bien qui est impossible en révolution.

Voici ce parallèle que l'on trouve dans le numéro du 21 février 1830 :

« Un changement de dynastie semblable à celui
» de 1688, est aujourd'hui impossible en France.
» En 1688, l'Angleterre trouvait dans l'usurpa-
» tion la gloire et le génie : Guillaume de Nassau
» était là. En 1830, nous avons beau regarder par
» toute l'Europe, nous ne voyons pas Guillaume
» de Nassau. En 1688, l'Europe était disposée de

» telle sorte qu'elle appelait de tous ses vœux
» Guillaume au trône d'Angleterre, et que l'usur-
» pation arriva à Londres avec l'alliance de tous
» les rois. En 1830, l'Europe est disposée de telle
» sorte qu'un usurpateur entrerait aux Tuileries
» comme Bonaparte au 20 mars, avec l'inimitié
» de toute l'Europe. Nous ne pouvons finir sans
» exprimer toute notre douleur de nous voir
» réduits aujourd'hui à traiter avec toute la froi-
» deur de la logique, une question que nos vieilles
» affections et le sentiment d'un droit sacré ont
» depuis long-temps décidée pour nous sans re-
» tour. »

C'était à l'ombre de ces protestations que le *Journal des Débats* faisait à la royauté cette terrible opposition de 1830, qui aboutit à la chute du trône. Le ministère du 8 août, il faut le dire, était dans une position déplorable. La chambre, en rompant avec lui, ne lui avait laissé aucune vie parlementaire, et la partie de ses membres qui, en s'appuyant sur l'assemblée, auraient pu modifier la politique du cabinet et la rendre plus conforme aux exigences de la situation, ne trouvant ni secours ni appui, étaient réduits à l'impuissance. Les principes du gouvernement représentatif n'existaient plus dans le cabinet, parce qu'ils n'existaient plus dans l'État, tant cette violence des partis avait forcé tous les ressorts. Ce n'était qu'à l'extérieur que le ministère pouvait trouver de la force et de la dignité dans sa politique. Cette politique eut, comme on le sait, plusieurs questions graves à envisager, parmi lesquelles il faut compter la constitution de la Grèce comme état indépendant, l'abolition de la loi salique par Ferdinand VII, et enfin et surtout l'expédition d'Alger.

Nous ne parlerons du premier de ces faits que pour rapporter une anecdote peu connue. La branche aînée s'occupait toujours avec sollicitude de la branche cadette, et le Roi avait songé à marier une des filles de M. le duc d'Orléans au prince Léopold de Cobourg qui devait être appelé à régner sur la Grèce. Il paraît que ce prince ne jouissait pas à cette époque d'une extrême faveur auprès de la maison d'Orléans, car lorsqu'on fit les premières ouvertures au chef de la branche cadette, il répondit : « Que sa fille ne se sentait » pas d'inclination pour aller régner sur la Béotie. » Or on put croire, au ton singulièrement ironique dont ces paroles furent prononcées, que Son Altesse comprenait le futur roi dans son futur royaume, et qu'elle n'avait pas une très haute idée du fiancé béotien. On sait comment, depuis, faisant descendre ses prétentions à mesure que montait sa puissance, le roi des Français accepta pour gendre celui que le duc d'Orléans avait refusé. Au reste, il faut rendre au duc d'Orléans la justice de reconnaître qu'après avoir lu la lettre par laquelle le prince Léopold refusait la couronne de Grèce qu'il avait sollicitée avec tant d'instance, le conseil du Roi fut unanime pour approuver le jugement sévère porté sur ce prince par le chef de la branche cadette. Cette lettre était si étrange dans le fonds et dans la forme, qu'une bouche auguste laissa échapper une épithète plus que désobligeante sur les facultés intellectuelles du prince Léopold. « C'est un sot, dit-elle, qui ne mérite point de » réponse. » Le conseil parut unanime sur l'une et l'autre proposition.

Si le *Journal des Débats* n'eut guère l'occasion de prendre parti dans cette première question, il se dessina d'une manière nette et précise dans la seconde, nous voulons parler du décret par lequel Ferdinand VII abolit la loi salique en Espagne. La nouvelle de cette détermination surprit le Roi autant que son cabinet. Charles X dit à ses ministres qu'il avait demandé au roi de Naples si son gendre l'avait consulté sur cette mesure, et que le roi de Naples lui avait répondu : « Je n'ai appris l'existence du décret qu'en l'en- » tendant crier dans la rue. » On trouvait la décision de Ferdinand impolitique, imprudente, injuste ; mais comment y mettre obstacle ? Il fut enfin convenu que le roi de France, comme chef de la maison de Bourbon, tenterait auprès du roi d'Espagne une démarche personnelle et officieuse. Il y avait un grand personnage et un

journal qui réclamaient des mesures plus fermes et plus décisives dans l'intérêt des droits de don Carlos, qu'ils regardaient comme sacrés et imprescriptibles. Le journal, c'était le *Journal des Débats*; le grand personnage, Monseigneur le duc d'Orléans. Le duc aurait voulu une protestation solennelle contre cette violation de la loi salique, violation qui lui paraissait inexcusable et directement contraire au droit politique de l'Europe. Le *Journal des Débats* s'écriait, en censurant avec amertume la conduite du ministère du 8 août dans cette circonstance : « Le minis-
» tère n'a-t-il pas vu que le roi d'Espagne qui,
» comme Bourbon, a renoncé à ses droits au
» trône de France, se ruinait lui-même, se dé-
» pouillait de tout secours et de toute force en
» reconnaissant pour héritière de son trône la
» fille d'une étrangère, au lieu de reconnaître un
» héritier de son nom, un Bourbon comme lui,
» et qu'il faisait dans cette circonstance un acte
» illégal. »

Nous l'avons dit, la grande affaire du ministère

du 8 août au dehors, celle qui l'occupa le plus sérieusement et qui excita les commentaires les plus vifs et les plus nombreux de la presse, et en particulier du *Journal des Débats*, ce fut l'expédition d'Alger. On n'a point jusqu'ici fait connaître d'une manière exacte et précise, et en s'appuyant sur des documens authentiques, ce qu'on pourrait appeler la partie préliminaire de cette expédition, son préambule, c'est-à-dire les dispositions des différents cabinets qui durent être pressentis, et celles de tous les intérêts politiques qui se dessinèrent pour ou contre cette entreprise. Les détails qu'on va lire, en expliquant le passé, jetteront aussi une vive lumière sur le présent. La conquête d'Alger a été tentée sous l'empire de préjugés, dont le parti qui est aujourd'hui au pouvoir conserve encore maintenant comme un reflet involontaire. Alger est vis-à-vis l'ordre de choses actuel, dans la position de ces enfans tard venus, dont la naissance a été regardée comme un embarras par leur famille, qui ne leur accorde qu'une froide et dure hospitalité. Cette pauvre gloire, comme honteuse d'elle-même, ayant perdu le drapeau sous lequel elle vint au monde, se fait humble et petite pour tenir le moins de place possible sous le drapeau tricolore, à l'ombre duquel elle est comme une étrangère.

La question d'Alger entre le ministère et l'opposition, peut se poser dans des termes bien simples. Le ministère voulait faire cette conquête, parce que, semblable à un homme qui se noie, il se rattachait à tout comme à une espérance, et que voyant la gloire qui lui tendait la main sur la côte africaine, il espérait que cette main le tirerait des eaux furieuses du torrent dont le courant l'emportait. Ce qui faisait désirer au ministère l'accomplissement de cette entreprise, était précisément ce qui décidait l'opposition à l'empêcher. Elle voyait bien que le cabinet allait à la dérive, que l'haleine commençait à lui manquer, que le courant devenait le plus fort, et que, dans quelques momens, le ministère serait englouti. Or comme elle voulait qu'il se noyât, elle parcourait dans tous les sens le rivage pour empêcher que ni personne ni chose n'eût l'audacieuse pensée de lui porter secours. L'esprit de parti n'a dans des circonstances pareilles ni cœur ni entrailles; il sacrifie toutes les autres considérations à ses homicides calculs. Que si vous aviez demandé à l'opposition, en lui remontrant la situation difficile du cabinet, ses embarras, ce problème insoluble suspendu sur sa tête comme une épée; que si vous aviez demandé à l'opposition : « que vouliez-vous qu'il fît? » elle vous aurait répondu dans d'autres sentimens, mais avec le même stoïcisme que le vieil Horace : « Qu'il mourût. »

Tout était dans ce mot. Le malheureux ministère qui songeait à proposer des lois utiles, des réformes dans les finances, l'extension de l'enseignement primaire, enfin la gloire d'Alger, n'était pas dans la question : ce qu'on voulait, c'était sa mort ; s'il ne le comprenait pas c'est qu'il ne voulait pas le comprendre. M. Dupin, qui excelle à renfermer l'expression d'une situation dans un mot trivial ou dans le lieu commun bannal d'une de ces inévitables citations qui font quelquefois regretter que la mémoire ne contienne pas la puissance d'oublier à volonté aussi bien que celle d'apprendre; M. Dupin, avec son génie du greffe, avait signifié au ministère sa sentence en lui disant du haut de la tribune : « Il faut refuser tout » ce que proposent les ministres, quand ce serait » des mesures favorables au pays :

» *Timeo danaos et dona ferentes.* »

Jusques là tout se conçoit. Le ministère jouait son jeu, l'opposition jouait le sien; mais s'il est possible de comprendre ce qui suivit, nous croyons qu'il est difficile de l'excuser. Quand la presse de l'opposition, où le *Journal des Débats* tenait alors une des premières places, vit qu'elle ne pouvait empêcher l'expédition, on eût dit qu'elle avait formé le dessein de la faire échouer. Le dey d'Alger se trouva tout-à-coup avoir des alliés sur lesquels il n'avait pas compté, ce furent les journaux de Paris et les députés de la chambre. M. de Laborde attendrit en sa faveur son éloquence du haut de la tribune; il prit sous sa protection cette honnêteté pirate méchamment attaquée, suivant son opinion, par la civilisation et la chrétienté, et il invoqua le droit des gens en faveur d'une de ces puissances barbaresques qui reconnaissent pour droit public le pillage, le rapt et le vol; en outre, il qualifia l'entreprise d'impraticable et d'absurde, et calcula qu'il faudrait vingt-sept jours pour opérer le débarquement, qui n'en coûta pas quatre. Dans le même temps les journaux cherchaient à décourager l'armée, en exagérant les périls de l'expédition et en lui suggérant de fâcheuses préventions contre celui qui devait être son général. Ce n'était point tout encore. La presse périodique, dominée par cette pensée fixe de haine dont elle était travaillée contre le ministère, ne cherchait point de quelle manière la France pouvait exécuter son entreprise, mais de quelle manière le dey pouvait la faire échouer. De sorte qu'elle indiquait à ce barbare les précautions à prendre, les préparatifs de défense à faire exécuter, et il faut ajouter que cette touchante sollicitude pour les intérêts algériens ne fut pas entièrement perdue. Le dey, suivant en effet une partie des plans développés dans les feuilles de l'opposition, avait fait exécuter de nombreux travaux dans la presqu'île d'Afrique, et le maréchal de Bourmont, en y débarquant, faillit être tué par un boulet qui vint frapper à ses pieds et le couvrit de sable.

Le ministère, qui aurait dû savoir que les partis n'ont point de patrie, s'étonnait et s'affligeait de la conduite des journaux; les choses allèrent si loin, qu'on examina en conseil si la législation n'avait aucun moyen de répression contre une tactique qui apparaissait aux yeux des ministres avec les caractères du crime de haute trahison. Le résultat de cet examen fut négatif. Le ministère dut donc croiser les bras devant des attaques contre lesquelles il ne pouvait se défendre, et un des membres du cabinet fit seulement l'observation qu'il deviendrait impossible de tolérer une pareille licence s'il s'agissait d'une guerre continentale.

On peut dire qu'il y avait comme une fatalité contre cette expédition d'Alger, qui devait réussir et malgré les vaincus et malgré les vainqueurs. Quand, au mois de février 1830, le conseil des ministres se décida à consulter une espèce de commission formée des officiers-généraux de la marine, de l'artillerie et du génie, la réponse de ces officiers fut loin d'être favorable. Ils répondirent, que le débarquement d'une armée aussi nombreuse et d'un matériel aussi considérable que le réclamait une expédition de cette importance, était impraticable, à cause du mauvais temps et des incertitudes de la mer, qui est fort mauvaise dans ces parages. Lorsque plus tard M. Duperré arriva, il confirma cette réponse en remettant à Monseigneur le Dauphin un mémoire dans lequel il établissait, par des calculs faits heure par heure, que le débarquement exigerait vingt-sept jours. On ajouta que l'intérieur des terres offrirait des obstacles encore plus insurmontables, des sables brûlans, un pays sans routes tracées, point de moyens de subsistances, des nuées de Bédouins, infatigable cavalerie du désert, assiégeant une armée déjà décimée par la faim et la soif, ces deux fidèles alliées des barbares de l'Afrique.

Il arrivait ici ce qui arrive presque toujours : on combattait l'expédition d'Alger avec des idées surannées. Ce ban et cet arrière-ban d'officiers déjà dans la vieillesse, donnaient, au lieu d'une pensée neuve qu'on leur demandait, les redites de la tradition et les lieux communs de la routine ; en outre, cette commission militaire délibérait elle-même dans cette atmosphère d'opposition que le *Journal des Débats* et le reste de la presse périodique épaississaient chaque jour.

Heureusement il se trouva là deux jeunes officiers à l'abri, par leur âge, de cette superstition des préjugés depuis long-temps admis et des opinions anciennes passées en articles de foi. M. Dupetit-Thouars, nom douloureusement illustre dans la marine française, et M. Guarfaradel, jeune capitaine de frégate, combattirent vivement les objections qu'on avait mises en avant. Ces objections, disaient-ils, n'étaient fondées que sur de vieilles traditions. La côte d'Afrique est peu connue, on n'y a guère navigué, et les dangers ont été exagérés par les navigateurs du commerce. A la vérité la mer est inconstante dans ces parages et les mouillages près de terre ne sont pas très sûrs; mais, avec un peu de prévoyance et d'habileté, on parviendrait à opérer un débarquement aux environs de la presqu'île de Sidi-Ferruch, en moins de temps qu'on ne pensait. En deux ou trois jours on débarquerait assez de monde pour se maintenir contre les hordes du dey. D'ailleurs, que parlait-on du manque de ports? Il y avait, comme le disait André Doria à Charles-Quint, deux ports excellens en Afrique : c'étaient août et septembre.

Ce que ces deux jeunes officiers de marine firent pour établir la possibilité d'un débarquement, M. le général Valazé et de jeunes employés du consulat dans les états barbaresques, le firent avec le même avantage, pour démontrer que l'intérieur des terres n'offrait pas des obstacles plus invincibles ; que l'eau ne manquerait point comme on l'avait dit, que la marche de l'armée ne serait point arrêtée par le défaut de routes tracées, et que le transport d'un matériel de siége était praticable.

Après une discussion fort animée, qui dura plus de quatre heures, et pendant laquelle la vieille marine soutint son opinion avec une persistance qu'elle qualifiait de fermeté, et à laquelle l'événement donna un autre nom, la séance fut levée. Alors le conseil arrêta à l'unanimité la résolution suivante et la présenta au Roi :

1° Le débarquement dans la presqu'île de Sidi-Ferruch est praticable;

2° Le trajet entre Sidi-Ferruch et Alger, avec un équipage de siége, n'offre pas des obstacles invincibles ;

3° Les fortifications d'Alger du côté de la terre ne tiendront pas plus de trois semaines contre une attaque bien dirigée et le feu d'une artillerie aussi nombreuse que celle dont pourra disposer le chef de l'expédition ;

4° Les préparatifs de l'expédition peuvent être achevés dans l'espace de six mois. Le jour où la flotte mettra à la voile, il ne faut pas plus de deux mois pour opérer la réduction de la ville d'Alger : tout peut donc être terminé dans le mois d'août ou de septembre, en se conformant au conseil donné par André Doria à Charles-Quint.

Le Roi admit les conclusions de son conseil, qui furent de nouveau discutées devant lui, et c'est ainsi que l'expédition d'Alger fut résolue au commencement du mois de janvier de l'année 1830.

Mais cette décision, une fois prise, ne fit pas cesser l'opposition violente et opiniâtre de ceux dont l'idée fixe était d'empêcher l'expédition. Les opinions politiques étaient dans un tel état d'effervescence, que la voix même du devoir était méconnue. C'est sans doute à ce motif qu'il faut attribuer l'étrange conduite de M. l'amiral Duperré, qui, désigné pour commander en chef la flotte, ne négligeait aucune occasion de

répandre l'inquiétude, alarmait ceux qu'il aurait dû rassurer, et appuyait de l'autorité de son expérience militaire les vaines objections accréditées par l'esprit de parti. M. d'Haussez se plaignit vivement en plein conseil de la conduite de M. Duperré. Il représenta que cet officier, mandé à Paris par dépêche télégraphique, dès le 10 ou 11 février, avait différé plusieurs jours d'obéir et n'était arrivé que le 22 ; que depuis ce moment il n'avait cessé de déclamer dans les bureaux de la marine et dans les réunions particulières, contre l'expédition qu'il qualifiait partout d'absurde et d'impraticable. Monseigneur le Dauphin qui assistait au conseil, répondit que le rapport de M. d'Haussez sur l'amiral Duperré n'avait rien qui pût l'étonner; qu'à son arrivée à Paris cet officier avait commencé par lui dire que « l'expédition n'avait pas
» le sens commun; que ce serait une échauffourée
» sans autre résultat que la perte de quelques
» vaisseaux et d'un grand nombre d'hommes. »

Grâce à cette conduite, M. Duperré devint

le héros de l'opposition, et en particulier du *Journal des Débats*, qui accabla, après le succès de l'expédition, le ministère des plus vifs reproches, parce qu'en accordant le bâton de maréchal à M. de Bourmont, il s'était contenté de nommer M. Duperré pair de France. Telle est la justice des partis politiques. M. Duperré avait tout fait pour empêcher l'expédition; il avait montré ou un mauvais vouloir presque factieux, ou un défaut de jugement inexcusable ; il s'était conduit d'une manière si étrange que, pour mettre un terme à ses philippiques, on avait été obligé de le menacer de lui retirer le commandement; le projet qu'il avait déclaré absurde s'effectuait, la conquête qu'il avait jugée impraticable était accomplie, et le *Journal des Débats*, lui en rapportant tout l'honneur, attaquait, comme une odieuse partialité, une inégalité de récompense qui était sans justice.

Pour compléter les détails que nous avons promis de donner sur l'expédition d'Afrique, il nous reste à indiquer les dispositions que manifestèrent, à l'égard du cabinet des Tuileries, les divers cabinets européens dans cette grave circonstance. Le 21 mars 1830, en effet, le ministre des affaires étrangères rendit compte au Roi qui présidait son conseil, de la correspondance qu'il avait engagée à ce sujet avec les différentes cours.

Les puissances continentales du Nord approuvaient la conduite de la France ; elles félicitaient le Roi du service qu'il allait rendre à l'humanité, et elles annonçaient qu'elles étaient prêtes à seconder toutes les mesures que le cabinet des Tuileries jugerait nécessaire de prendre.

Le roi de Sardaigne laissait voir le vif désir qu'il avait d'être affranchi du tribut qu'il payait aux pirates et des avanies continuelles éprouvées par son commerce, grâce à ce repaire de forbans ; mais en même temps il envisageait avec inquiétude l'accroissement probable de la puissance française. Il était facile d'apercevoir qu'il aurait voulu concourir à l'entreprise pour avoir sa part du succès.

Toutes les petites puissances d'Italie exprimaient les meilleures dispositions. En renversant ce nid de pirates la France ouvrait les mers devant elles.

L'Espagne était embarrassée ; il était facile de juger, par ses réponses, qu'elle craignait notre voisinage en Afrique presque autant que celui des Barbaresques, et peut-être fallait-il attribuer la moitié de ses craintes à l'influence anglaise, déjà grande à l'Escurial. D'un autre côté, le cabinet de Madrid n'osait point refuser un abri dans ses ports à une flotte qui allait accomplir une entreprise utile à toute la chrétienté. Comme la Sardaigne, l'Espagne aurait voulu y prendre part, mais les dépenses nécessaires dépassaient ses forces. Elle accordait donc ce qu'on lui demandait, un lieu de dépôt pour nos malades et un port de ralliement au besoin.

Quant à l'Angleterre, sa jalousie naturelle ne lui permettait pas de voir sans inquiétude notre marine s'engager dans une expédition dont le succès devait être profitable et glorieux. Elle suscitait donc des obstacles, et prétendait avoir le droit d'exiger des explications sur le but de l'entreprise et sur les résultats qu'espérait en tirer le cabinet des Tuileries.

Ces détails sont précieux, parce qu'ils constatent, d'une manière officielle, quelle était la situation diplomatique de la France au moment de la révolution de 1830, et quelle était la nature de ses relations avec les états dont elle était entourée. Dispositions franchement amicales et décidément favorables des grandes puissances continentales. Prétentions peu fondées en raison et peu sérieuses de la Sardaigne, d'ailleurs sans objection contre l'expédition d'Alger ; regrets stériles de l'Espagne, de ne point être en position de suivre nos traces ; reconnaissance empressée de tous les petits états d'Italie. Au milieu de tant de sympathies acquises à la France, un seul mauvais vouloir, celui de l'Angleterre. Ainsi, des alliances sur le continent, une chance d'hostilité de l'autre côté du détroit : telle était la situation de la France lors de l'expédition d'Alger, telle est, dans tous les temps, sa situation normale et régulière. Cela peut donner une idée de la perturbation que le *Journal des Débats* et ses amis ont jetée dans les conditions organiques de l'existence de notre pays, pour lequel, après la révolution de 1830, le cabinet du Palais-Royal est allé chercher une alliance chez la seule puissance de l'Europe qui ait laissé percer contre nous, à l'occasion de la prise d'Alger, un sentiment constant, opiniâtre, de haine et d'antipathie; tandis que le même cabinet voyait se changer les sympathies universelles de l'Europe continentale en un mauvais vouloir qui avait un caractère aussi étendu de généralité.

Il importe de suivre cette mauvaise pensée de l'Angleterre, pour ainsi parler, jour par jour, pendant toute la durée de l'expédition et après son succès, et d'exposer d'une manière précise les notes qui furent échangées à ce sujet entre le cabinet des Tuileries et le cabinet de Saint-James. Plusieurs orateurs, et même quelques ministres, dans le parlement d'Angleterre, ont essayé de faire croire qu'il y avait des engagemens pris par la restauration au sujet de la colonie d'Alger. Il ne faut point permettre que cette erreur s'accrédite, et en rétablissant la question sous son véritable point de vue, on préviendra les conséquences dangereuses qu'un ministère faible ou coupable pourrait tirer d'une pareille opinion.

Lorsqu'il avait été rendu compte au Roi, en son conseil, du résultat des correspondances diplomatiques, au mois de mars 1830, il avait trouvé les prétentions de l'Espagne et de la Sardaigne inadmissibles, et il avait ajouté : « Quant aux Anglais, nous ne nous mêlons pas » de leurs affaires, qu'ils ne se mêlent pas des » nôtres. » Les premières réponses faites à l'ambassade d'Angleterre, qui dès le commencement de février avait communiqué ses représentations, furent rédigées dans ce sens; on y disait d'une manière générale, que « le gou- » vernement ne pouvait pas prendre d'engage- » mens contraires à la dignité de la France. »

Le cabinet de Saint-James revint plusieurs fois à la charge avec une insistance toujours plus vive, et enfin il présenta au mois d'avril une note pressante, dans laquelle il réclamait des explications catégoriques. Cette note fut soumise au Roi, en son conseil, le 25 du même mois. Tous les membres du ministère se récrièrent sur les étranges exigences du cabinet anglais. Le Roi, persistant dans ses premières résolutions, ordonna à son ministre des affaires étrangères de répondre une fois encore, « qu'il ne prendrait
» aucun engagement contraire à la dignité et à
» l'intérêt de la France; que son unique objet,
» en ce moment, était de punir l'insolent pirate
» qui l'avait osé provoquer; mais que si la Pro-
» vidence lui accordait de tels succès que les
» états de son ennemi vinssent à tomber en son
» pouvoir, alors il aviserait aux déterminations
» qu'exigeraient l'honneur de sa couronne et les
» intérêts de son royaume; que, du reste, ce
» qu'il pouvait accorder à ses alliés dès à pré-
» sent, c'était l'assurance de prendre leur avis

» et de ne rien décider avant d'avoir entendu
» leurs observations et pesé les convenances
» européennes. » Il fut décidé qu'une note diplomatique, rédigée dans ce sens, serait transmise, non seulement au gouvernement anglais, mais encore à toutes les autres puissances intéressées, y compris les villes anséatiques.

Tout est à remarquer dans ce document, qui établit, d'une manière exacte et précise, la ligne suivie par la restauration dans toute l'affaire d'Alger. Pour la première fois, depuis le jour où l'entreprise a été résolue, l'éventualité de la conquête du territoire de la régence d'Alger est envisagée, et, dès l'origine, la royauté pose ses intentions avec une netteté que la courtoisie ordinaire des formes diplomatiques ne saurait rendre équivoque. La France écoutera les observations, pèsera les convenances européennes, voilà la forme; mais elle décidera seule, et elle ne peut prendre aucun engagement contraire à sa dignité et à ses intérêts, voilà le fonds. Vous le voyez, le droit de représentation est laissé aux puissances étrangères, mais le droit de décision est réservé à la France, qui disposera souverainement de sa conquête. Ajoutons que pour éviter que l'Angleterre voie dans cette réponse une concession à ses exigences, le cabinet français fait de cette note une espèce de circulaire diplomatique qu'il expédie à tous les gouvernemens intéressés; de sorte qu'il n'y a là aucun engagement spécial et particulier contracté avec l'Angleterre, mais la reconnaissance publique et formellement énoncée d'un droit de tout temps tacitement reconnu, nous voulons parler du droit naturel qu'ont les cabinets de présenter des observations toutes les fois qu'un gouvernement voisin augmente sa puissance et agrandit son territoire.

Telle fut la position que prit la restauration, dès le premier jour, dans l'affaire d'Alger. Aussi quand cette belle conquête, conçue, préparée et exécutée en cent cinquante-six jours, vint jeter un dernier rayon de gloire sur le drapeau blanc, le conseil ayant à examiner la question de savoir si le Roi avait pris des engagemens, déclara à l'unanimité qu'aucun engagement n'avait été pris, et que tout en disant qu'il ne faisait point la guerre par ambition, le Roi ne s'était, en aucune façon, engagé à renoncer à une conquête incidente, puisque tout au contraire il avait réservé les droits de la France, en déclarant qu'il suivrait la politique indiquée par la dignité et les intérêts du pays.

Nous avons cru utile de donner de la publicité à ces renseignemens, puisés à des sources authentiques, afin de montrer sur quel terrain la France doit se poser pour résister aux exigences de l'Angleterre relativement à la colonie d'Alger. Si des engagemens ont été signés, comme l'ont prétendu plusieurs hommes d'état de l'Angleterre, c'est postérieurement à la chute de la restauration. Le gouvernement royal entreprit l'expédition d'Alger, malgré les obstacles du dehors et les empêchemens de l'intérieur; pendant la durée de l'expédition il refusa de prendre aucun engagement; après le succès, il se crut autorisé à disposer de sa conquête. En sortant du *Te Deum*, il fut résolu par le conseil que l'on élèverait un monument sur la plage où mourut saint Louis, noble et haute consécration du sol africain par la royauté de France ! enfin le Roi déclara qu'il voulait qu'une somme fût prélevée sur les trésors de la Casaubah pour donner à toutes les troupes une gratification équivalente à trois mois de solde, legs inscrit au testament de la royauté en faveur d'une armée victorieuse, et cassé par l'ingratitude d'une révolution. Tels furent les derniers actes du gouvernement royal, relativement à l'expédition d'Afrique, et l'on peut dire que si le système appliqué à cette époque, et qui se composait de promptitude et de vigueur, de fermeté et de conciliation, système si sévèrement critiqué par le *Journal des Débats*, avait été suivi, bien des questions aujourd'hui encore pendantes, seraient depuis long-temps résolues : Abdel-Kader, maintenant souverain indépendant et chef indiqué d'une coalition arabe contre la domination française, ne serait qu'un Bédouin du désert ; le traité de la Tafna n'aurait point été signé, les deux expéditions de Constantine eussent été prévenues, et les pertes douloureuses qui ont coûté tant de larmes à la France, évitées ; nous aurions pu, dès l'origine, déposer l'épée du conquérant pour prendre le rôle plus pacifique, plus sûr et plus élevé, d'un peuple civilisateur se servant d'une puissance incontestée pour initier l'Afrique aux lumières, aux mœurs et à la religion du continent européen.

C'était sous les batteries de l'opposition la plus violente et la plus furieuse qui se fût jamais rencontrée, qu'on avait accompli la conquête d'Alger. Cette conquête ne désarma point les haines et n'apaisa point les esprits. Le *Journal des Débats*, à l'exemple de toute la presse, chercha dans ce beau succès le coin de l'opposition, et s'abattit, ainsi qu'on l'a dit, sur l'injustice dont on accusait le pouvoir à l'égard de M. Duperré. Du reste, dans la situation où se trouvaient les esprits, la nouvelle de la prise d'Alger fut reçue avec froideur, presque avec mécontentement. Par les nouvelles électorales qui arrivaient, la royauté apprenait sa défaite à l'intérieur presque en même temps que sa victoire au dehors. La situation approchait de son dénoûment, qui ne présentait que sinistres éventualités à la monarchie. Il était facile de voir, dans les colonnes du *Journal des Débats*, qu'il y avait parti pris d'entrer à force ouverte dans le pouvoir, et de dicter de dures conditions à la royauté. On développait, depuis plus d'un an, des maximes qui ne tendaient à rien moins qu'à détruire le pouvoir royal en France, et le Roi ne pouvait s'accoutumer à la pensée de confier l'exercice de sa prérogative aux hommes qui l'avaient si ouvertement et si cruellement attaqué.

Tous les membres du cabinet ne s'abusaient point sur l'imminence du péril. Dans un des conseils du mois de juin, un des ministres s'exprima à cet égard devant le Roi avec la plus entière franchise. Il exposa les progrès de l'esprit révolutionnaire; il parla de la désaffection qui allait en croissant de jour en jour ; enfin, dans la chaleur de l'improvisation, il dit des choses si fortes et si dures, qu'à la fin de son allocution il craignit d'être allé trop loin. Aussi était-il assez embarrassé lorsqu'après le conseil il fallut, suivant l'étiquette, se tenir en ligne et saluer au passage le Roi et Monseigneur le Dauphin. Charles X parut s'apercevoir de l'émotion qu'éprouvait le ministre, car il se détourna pour s'approcher de lui, et lui posant la main sur le bras avec affection : « Vous avez » franchement émis votre opinion, lui dit-il, » c'est bien, c'est très bien. Il faut dire ici tout » ce qu'on pense. J'aime la vérité, et je veux » qu'on me la dise ici sans déguisement. »

La vérité commençait à arriver au château par toutes les voies. De sinistres rumeurs annonçaient qu'il y avait un dessein arrêté de renverser la dynastie Dans de curieux papiers, où un ministre de cette époque consignait, chaque soir, ce qui s'était passé de remarquable dans la journée, nous voyons que vers le mois

de juillet, Charles X raconta lui-même à son conseil qu'un Anglais de haute distinction, membre du parti radical, s'étant présenté au château la veille, lui avait rapporté une étrange conversation qu'il avait eue personnellement avec M. le général Sébastiani. Or voici quelles avaient été les paroles du général: « Le Roi est
» généralement aimé, mais la dynastie des
» Bourbons ne convient plus à la France ; nous
» ferons les plus grands efforts pour nous en dé-
» barrasser, et, si nous réussissons, nous assu-
» rerons à cette famille une existence honorable
» en pays étrangers, à Rome par exemple. »

Le *Journal des Débats* avait bonne grâce, après cela, à répéter qu'il n'y avait là qu'une question ministérielle, et que la royauté n'était point mise en jeu dans la lutte. Sans doute la classe électorale ne voulait point le renversement de la légitimité en France, mais ceux qui avaient réussi à conquérir toute l'influence sur cette classe, voulaient le renversement de la dynastie. Que pouvait donc faire le Roi Charles X dans la terrible situation où une opposition hypocrite l'avait placé? Quelle ligne avait-il à suivre en présence d'un mouvement parlementaire qui prêtait main forte, sans le savoir, à une conspiration? Pouvait-on exiger qu'il prît pour ministre, pour dépositaire de la puissance royale, M. Sébastiani, qui parlait déjà d'exiler la légitimité à Rome et qui s'occupait de donner une pension alimentaire à la race de Louis XIV? Chose étrange! on acculait la royauté dans une situation sans issue, on la murait dans un problême d'où elle ne pouvait sortir qu'à force ouverte, ou en se rendant à discrétion à ses adversaires; on ne lui laissait le choix qu'entre deux fautes, entre deux suicides; et quand elle eut péri, victime de cette situation, écrasée par ce problême insoluble, on la déclara responsable de la catastrophe dans laquelle on l'avait précipitée!

Elle arriva cette fatale journée depuis longtemps prévue. Le ministère était à bout de voies, le Roi avait deux fois dissous la chambre, et deux fois la chambre était revenue formée des mêmes élémens. C'est alors que les ordonnances de juillet furent discutées et arrêtées dans le conseil : coup de désespoir qui dénonçait la gravité de la crise et qui allait devenir le signal d'une révolution.

Cette séance du conseil, qui devait avoir des conséquences si terribles, fut empreinte d'une solennité inaccoutumée. Avant de signer, le Roi parut absorbé dans une profonde réflexion. On le vit demeurer pendant quelques instans, la tête appuyée sur sa main, tenant sa plume à deux pouces du papier qui attendait sa signature, l'air grave et le front comme incliné dans ses pensées. Puis il se redressa et dit d'une voix profondément accentuée : « Plus j'y pense » et plus je demeure convaincu qu'il est impos- » sible de faire autrement. » Alors il signa les ordonnances. Tous les ministres les contresignèrent ensuite dans le silence le plus profond. Avant de se séparer on décida, à tout événement, que si les circonstances devenaient difficiles, le duc de Raguse recevrait des lettres de service, comme gouverneur de la première division militaire, et serait, à ce titre, investi du commandement suprême.

Tout était consommé. La situation que le *Journal des Débats* avait tant contribué à créer, aboutissait à son terme. On entrait dans la révolution.

CHAPITRE XXI.

Sommaire : la révolution de juillet éclate. — Conduite du *Journal des Débats*. — Il demande l'autorisation de paraître. — La révolution triomphe. — Anecdote sur une négociation secrète. — Vraisemblance de cette anecdote. — Le *Journal des Débats* se décide à rompre avec l'ancienne monarchie. — Souvenirs d'un ancien dévoûment. — Récapitulation des protestations de fidélité du *Journal des Débats*. — Paroles de M. Bertin devant le tribunal. — Serment d'amour à la légitimité, fait le 21 février 1830. — Le 21 janvier de la même année le *Journal des Débats* s'était déclaré immuable dans les doctrines et les principes. — Le 4 août 1830, il déclare que la branche aînée a cessé de régner. — Le 8 août 1830, il combat l'opinion de ceux qui croyaient la royauté de Henri V possible. — Promesses faites au berceau de ce prince. — Comment elles furent tenues. — Un fait qui s'était présenté lors du meurtre du prince d'Enghien se représente. — M. de Châteaubriand sépare sa ligne de celle du *Journal des Débats*.

Nous ne parlerons des trois journées de 1830 que sous le rapport de l'histoire du *Journal des Débats*. Comment s'engagea cette lutte néfaste? Le premier coup de feu vint-il des rangs des ouvriers ou des rangs des soldats, et fit-il une victime sous l'uniforme ou sous la veste? c'est ce que personne ne peut dire d'une manière certaine. Le bras qui ouvre ces luttes sanglantes est toujours caché dans l'ombre. On ne sait d'où vient la balle qui siffle la première dans la cité auparavant paisible. La population est-elle victorieuse, chacun prétend avoir l'honneur de cette triste initiative. Est-elle vaincue, chacun décline cette responsabilité dangereuse. Il faut le dire en effet : au grand détriment de la conscience publique, dans de pareilles affaires il n'y a d'autre morale que celle du succès. On joue à chances égales son corps entre le Panthéon et la Morgue ; si la chance tourne bien, au Panthéon le cadavre ! à la Morgue si elle tourne mal.

Au milieu de cette crise quelle fut la conduite du *Journal des Débats* ? c'est ce qui doit surtout nous occuper.

On n'a point oublié qu'il y avait dans les ordonnances un article spécial qui enjoignait aux journaux établis de se pourvoir d'une autorisation afin de continuer à paraître. Le *Journal des Débats*, avec cette prudence qui est pour lui une seconde nature, commença par mettre sa propriété à l'abri. Tandis que d'autres feuilles couraient bravement les risques du duel, il prit ses précautions à tout événement, sauf à se réunir plus tard à l'émeute victorieuse.

Au bout de trois jours l'émeute avait en effet vaincu, et elle était devenue une révolution. Le gouvernement royal avait quitté les murs de Paris, la multitude était maîtresse de la capitale, jamais circonstances plus critiques ne s'étaient présentées, et l'on allait enfin voir à l'œuvre ceux qui s'étaient posés comme des modérateurs entre les envahissemens du trône et ceux de la rue. Nous avons promis d'observer dans ce livre une impartialité sévère et de dire toujours et partout la vérité, qu'elle fût favorable ou défavorable au journal dont nous écrivons l'histoire. Cette promesse nous la tiendrons.

Si nous nous en rapportons à des renseignemens intimes et que nous avons lieu de croire exacts, pendant ce rapide intervalle qui sépara le 29 juillet du 9 août 1830, les premières sympathies du *Journal des Débats* penchèrent pour Henri de Bourbon. Nous avons même entendu attester, par des personnes versées dans le secret de cette affaire, qu'il y eut une négociation ouverte entre le journal dont il est ici question et le palais du Luxembourg. Les *Débats*, suivant cette version, firent avertir la pairie qu'ils attendraient sa résolution, et que si elle avait le dessein de proclamer le petit-fils de Charles X sous le nom de Henri V, le *Journal des Débats* était prêt à la seconder dans la presse. Il paraîtrait qu'à cette époque le *Journal des Débats* était moins vivement frappé de la nécessité de couronner la branche cadette, et qu'il admettait la possibilité du maintien de l'ancienne dynastie.

Nous avons cru faire plaisir à la feuille en question en donnant de la publicité à ce trait tout-à-fait inconnu d'un courage qui n'est point assez riche en souvenirs de ce genre pour en abdiquer un seul.

Nous serions d'autant plus porté à admettre le fait de cette négociation, qu'en suivant la polémique patente et publique de la feuille dont il s'agit, nous retrouvons la trace du mouvement secret de ses sympathies, qui commencèrent par Henri V et qui finirent par Louis-Philippe. Lorsqu'en effet on examine avec attention les premiers numéros du *Journal des Débats*, après la révolution de juillet, on découvre comme un changement à vue dans sa politique. Le premier jour de la victoire, le 30 juillet, il demande seulement, « la mise en accusation du ministère du » 8 août et un article explicatif de l'article 14 sur » lequel s'est trompée la royauté. » On le voit, la pensée de sacrifier la branche aînée ne s'est point encore présentée à l'esprit du *Journal des Débats*. Son dévoûment, et peut-être aussi la présence de la garde royale à Saint-Cloud, écartent cette idée extrême de son esprit. C'était le moment où M. de Semonville proposait d'envoyer une députation de toutes les cours judiciaires à Saint-Cloud, pour demander au roi Charles X de rendre ses bonnes grâces à sa capitale et de retirer les ordonnances de juillet : souvenir parlementaire qui prouvait que M. de Semonville avait lu l'histoire de la Fronde. Le 1ᵉʳ août, même après l'acte législatif qui offre la lieutenance générale au duc d'Orléans, le *Journal des Débats* persiste dans les mêmes sentimens. « La lieutenance générale du royaume, dit-il, of- » ferte à M. le duc d'Orléans, a le même caractère » de légalité que tout ce qui a été fait jusqu'ici, » elle ne décide rien. » C'est ici qu'il faut placer la négociation du *Journal des Débats* avec la chambre des Pairs. Il n'y a pas encore de parti pris. Le journal peut encore aller vers l'ancienne royauté ou vers la royauté nouvelle, déclarer que la branche aînée est nécessaire ou déclarer qu'elle est impossible ; tout dépend de la réponse qu'il attend. Le 4 août la question est tranchée, et le *Journal des Débats* ne prononce plus le mot de légalité, il ne parle plus des erreurs de la royauté, mais de ses crimes, il accepte la révolution.

Avant de rapporter la manière dont les *Débats* annoncèrent leur divorce avec l'ancienne royauté, nous croyons devoir rappeler les engagemens qu'ils avaient pris avec eux-mêmes dans l'année dont la première moitié venait de s'écouler.

M. Bertin de Vaux avait dit à la face du tribunal, le jour de son procès pour le fameux article qui finissait par ces mots: Malheureux Roi! malheureuse France : « Depuis trente-six ans que » j'exerce une profession honorable, mais hérissée » de difficultés, je puis me rendre le témoignage » que, dans tous les journaux dont j'ai été pro- » priétaire ou rédacteur, jamais je n'ai écrit ou » laissé écrire une ligne qui n'eût pour but de » faire rendre au souverain légitime son trône » usurpé. »

Le 21 février 1830, le *Journal des Débats* terminait par ces lignes que l'on a déjà lues dans le cours de cette histoire, un parallèle ou plutôt un contraste de la France en 1830 et de l'Angleterre en 1688 : « Qu'on nous permette de déplo- » rer à la fin de ces considérations, la nécessité » où l'on nous a mis de discuter avec la froide » raison et suivant les règles de l'impassible lo-

» gique, une question qui est depuis long-temps
» résolue pour nous par les sentimens que nous
» portons dans notre cœur et par notre respect
» pour un droit sacré. » Vous n'avez point oublié
que tout le début de cet article était consacré à
montrer qu'une révolution était impossible, parce
qu'elle ôterait à la France toutes ses alliances
continentales, et qu'elle la placerait dans la situation la plus déplorable où puisse se trouver
un grand pays.

Quelque chose de plus encore. On avait souvent reproché au *Journal des Débats* la variation
de ses opinions et l'inconstance de ses amitiés.
Le 26 janvier 1830, il se crut obligé de répondre
à ces attaques et de formuler en même temps
l'explication de sa conduite passée et le programme de sa conduite dans les éventualités de
l'avenir. Or voici ce qu'il écrivait à la date du
26 janvier 1830 : « Il y a en matières politiques
» deux choses distinctes: les opinions relatives aux
» doctrines et les opinions touchant les hommes.
» Les opinions sur les doctrines, quand ces doc-

» trines sont fondamentales, doivent être im-
» muables, indépendantes des positions indivi-
» duelles, des accidens de la fortune, des
» révolutions même de l'État. Nous serons tou-
» jours prêts à sacrifier les hommes à nos doctrines,
» jamais nos doctrines aux hommes..... La France
» ne verrait dans toute usurpation que des révo-
» lutions sans fin et d'incalculables malheurs. »

Vous le voyez, le *Journal des Débats* se fait ici la part à lui-même. Il a varié, il peut encore varier sur les hommes ; ainsi il élevera ou il abaissera suivant les circonstances, les renommées ; il fera ou défera les gloires ; mais sur les doctrines, sur les principes il est invariable. M. Bertin de Vaux s'est rendu le témoignage de n'avoir pas écrit une ligne, depuis trente-six ans, qui n'eût pour but de faire restituer la couronne au Roi légitime: voilà une de ces convictions immuables, une de ces doctrines fondamentales qui demeurent inébranlables à côté du flux et du reflux des opinions sur les individus. Quoi qu'il arrive, ce culte de la légitimité, nous nous servons des expressions employées par le *Journal des Débats* en 1830, ce culte est à l'épreuve de tous les événemens et de tous les périls, car au commencement de cette même année le *Journal des Débats* s'est exprimé en ces termes : « Quand les doctrines » sont fondamentales, elles doivent être immua- » bles, indépendantes des positions individuelles, » des accidens de la fortune, des révolutions mê- » me de l'État. »

Le *Journal des Débats* qui publiait ces belles paroles, le 26 janvier 1830, déclara le 4 août de la même année que la maison de Bourbon avait pour jamais cessé de régner. Ceux qui ont présent à la pensée le début de cette histoire, se souviendront peut-être que c'était pour la seconde fois, depuis le commencement du siècle, que le *Journal des Débats* proclamait la maison de Bourbon à jamais déchue du trône de France.

Rien n'était décidé cependant. Le duc d'Orléans n'avait pas encore accepté le sceptre, il n'y avait pas obligation légale pour le *Journal des Débats* de reconnaître la royauté nouvelle qui n'existait point encore, puisqu'on n'était point arrivé au 9 août. Quelques voix murmuraient un autre nom, le nom d'un enfant, glorieux débris de la plus auguste maison royale qui fût dans l'univers, et portant en lui huit siècles d'illustres souvenirs. Cet enfant, les premières sympathies du journal avaient penché pour lui peut-être. On fit peur aux *Débats*, sans doute, de cette intention de courage non suivie d'exécution. Quelques voix officieuses leur représentèrent qu'ils s'étaient compromis par cette tentation de dévoûment qui était resté à l'état moral d'idée et qui n'était point descendu dans les faits. Il fallait faire pénitence de l'intrépidité qu'on n'avait point eue et de la fidélité qu'on avait pensé avoir. Vous savez cependant quels sentimens le *Journal des Débats* avait voués au berceau de ce jeune prince. « Un parti menaçant, s'écriait-il le » 4 octobre 1820, ne conspire-t-il pas la ruine du » trône où doit monter le royal enfant qui vient » de nous être donné? L'ombre du duc de Berry » n'est-elle point là pour nous avertir qu'il faut

»veiller sur le berceau du duc de Bordeaux ?
» Prince, vous nous apparaissez dans nos orages
» politiques, comme l'étoile apparaît en dernier
» signe d'espérance au matelot battu par la tem-
» pête. Qu'autour de votre berceau viennent se
» rallier les gens de bien; contre ce berceau
» sacré que tous les complots des méchans vien-
» nent échouer! Croissez pour imiter les vertus
» de la noble famille qui vous entoure. Vous naissez
» entouré de sujets fidèles, menacé par des enne-
» mis implacables: croissez pour le salut des uns et
» la ruine des autres. Ajoutez le miracle d'une
» vie heureuse pour vos sujets et glorieuse pour
» vous, au miracle de votre naissance. »

Neuf années seulement s'étaient écoulées depuis que le *Journal des Débats* écrivait ces lignes, et le 8 août 1830, la même feuille, consommant son divorce avec l'ancienne royauté, et se clouant à elle-même sur le front un sanglant démenti, publiait un article pour s'opposer à l'avènement du prince, objet des vœux exprimés en termes si brûlans, et pour déclarer qu'elle ne saurait admettre la royauté de Henri V, même avec la régence de M. le duc d'Orléans. Que voulez-vous ? Un autre règne se faisant proche, et le journal courtisan, habitué à tenir les registres de l'état-civil des gouvernemens, voulait se trouver à son poste pour enregistrer la venue de celui-ci. Ces prudentes fidélités émigraient à la fortune ; ces parleurs de dévoûment qui juraient de mourir pour l'ancien trône ne songeaient qu'à vivre du nouveau, et sans doute le soleil levant de la maison d'Orléans avait empêché ces Mages renégats de retrouver dans le ciel l'étoile qui les avait conduits au berceau de M. le duc de Bordeaux.

Dans cette circonstance, on vit se renouveler un fait dont les yeux avaient déjà été frappés lors du meurtre de M. le duc d'Enghien, sanglant péristyle jeté par la révolution à l'entrée de l'empire. A cette époque, on le sait, M. de Châteaubriand qui avait jusques là marché avec le *Journal des Débats*, se sépara de lui pour rester fidèle à ses antécédens, tandis que la feuille dont nous écrivons l'histoire accepta et adopta le gouvernement impérial. Lors de la révolution de 1830, M. de Châteaubriand renouvela cette scission, et se retira à l'écart pour conserver la rectitude des grandes lignes politiques de sa vie, comme il parle lui-même; tandis que le *Journal des Débats*, acceptant la livrée d'un nouveau dévoûment, se précipitait dans le mouvement d'une révolution nouvelle, où il marche sans savoir où il lui sera permis de s'arrêter.

CHAPITRE XXII.

SOMMAIRE. — Situation morale du *Journal des Débats* depuis la révolution de 1830. — Résumé des mobiles qui ont présidé à sa conduite depuis sa fondation. — Anecdote sur la manière dont il fut fondé. — Ce qu'il coûta à M. Bertin. — L'égoïsme est toujours la règle de ses actions. — Appréciation de la lutte qui s'éleva entre lui et la royauté. — Inconvéniens qu'on pouvait reprocher à la Restauration. — Ces inconvéniens étaient plus que compensés par des avantages. — Les abus n'étaient pas la cause véritable de l'opposition du *Journal des Débats.* — Ambition de l'aristocratie bourgeoise. — Cette ambition immola les grands intérêts du pays. — Futilité des motifs de l'opposition de quinze ans. — Motifs qui devaient engager à ne point pousser cette opposition à l'extrême. — Grands intérêts extérieurs du pays. — Situation favorable de la France au dehors. — Tableau diplomatique de l'Europe. — La Russie et l'Angleterre. — Le mouvement et l'immobilité. — Beau rôle que la France avait à jouer. — Le *Journal des Débats* contribua à jeter une révolution à l'encontre de cette situation. — Utilité de comparer le présent au passé.

Depuis la révolution de 1830, on ne peut plus écrire l'histoire du *Journal des Débats*, car il a, pour ainsi parler, renoncé lui-même à avoir une histoire, le jour où il a abdiqué sa personnalité, rompu avec ses précédens, et abjuré ce symbole politique qui, suivant ses propres paroles, avait été la règle de ses croyances et le but secret de ses efforts, pendant trente-six ans. Le corps subsiste encore, mais où est l'ame? Le cadavre continue à marcher, mais où est la route, où est le but? Il va, il va, le triste journal, vivant au jour le jour, marchant au hasard, sans réponse contre qui l'attaque, ne pouvant écrire une phrase sans qu'il l'ait démentie à l'avance, soutenir une opinion sans être confondu par ses propres paroles, louer un homme sans qu'on lui jette à la face le blâme dont il l'a couvert, censurer un principe politique sans qu'on l'asphyxie dans les nuages d'encens qu'il a fait fumer autrefois sur son autel. Il a livré son passé, son avenir, sacrifié ceux qu'il appelait ses maîtres. Mais son châtiment est aussi grand que sa faute, et, quand on sonde toute la profondeur de la plaie, l'indignation fait place à la pitié. Il est condamné à attaquer en politique, en religion, en morale, tous les principes pour lesquels il a combattu jadis, et au service desquels il a acquis toute sa gloire. Or, comme ces principes survivent à toutes les attaques, c'est à sa propre ruine qu'il travaille; ses efforts, inutiles contre eux, n'ont de puissance que contre lui-même, et, à moins d'un retour devenu difficile, il s'apercevra, à la fin de la lutte, qu'il n'a réussi qu'à renverser l'édifice de sa fortune et à dégrader le monument de sa renommée.

Arrivé presque au terme de cet ouvrage, il importe, avant d'aller plus loin, d'exprimer un jugement général sur le journal qui en est l'objet, et d'apprécier, d'un rapide coup-d'œil, l'ensemble de sa carrière.

Depuis le jour de sa naissance, deux principes se disputent sa destinée. Il a l'intelligence des grands intérêts sociaux, mais un sentiment d'individualisme poussé à l'extrême, combat, chez lui, cette intelligence. Il est plus social que révolutionnaire, mais il est plus égoïste que social, et cet égoïsme le rend quelquefois révolutionnaire ; car, chez lui, la question de principe cède toujours le pas à la question d'intérêt. Il est inutile de remarquer que sa responsabilité devient ainsi plus grande. Comme ses égaremens n'ont point l'erreur pour cause, ils sont sans excuse ; comme il sent la portée de l'impulsion qu'il donne aux esprits, il est d'autant plus coupable quand cette impulsion est mauvaise. La feuille, dont nous écrivons l'histoire, montre cet instinct des situations et cette intelligence de la portée des mouvemens politiques, dès le jour de son apparition.

Nous avons marqué cette apparition du *Journal des Débats* vers 1800, vous le savez, non qu'à prendre les choses au matériel, la feuille portant ce titre ait paru précisément à cette époque. Lorsque le consul Bonaparte, qui avait contre les journaux ce qu'on peut appeler une haine d'épée à pensée, eut supprimé quinze feuilles périodiques d'un seul coup de son autorité, il laissa vivre un recueil obscur des débats et décrets, dont on trouve encore les rares exemplaires in-quarto dans la poussière de quelques bibliothèques. L'insignifiance de ce pâle recueil lui avait mérité la clémence du premier consul. Son existence, à peine connue, ressemblait tellement à la mort, que le terrible ennemi des idées l'avait laissé vivre. M. Bertin, qui était intéressé dans plusieurs des journaux supprimés, pensa, d'après les conseils d'un homme d'intelligence et d'habileté (1), qu'il y aurait avantage à acquérir cette feuille qui, par le privilége de son insignifiance, avait survécu à l'hécatombe de la presse périodique. Il crut qu'on pourrait rallier les abonnés des journaux supprimés, en imprimant à celui-ci une couleur sociale et religieuse, sans être entravé par le gouvernement consulaire, dont les dispositions favorables pour cette tendance commençaient à se montrer. Le propriétaire du *Journal des Débats et Décrets*, embarrassé de sa propriété, la céda pour une somme peu considérable. Le *Journal*

(1) M. Mutin, dont nous tenons ces détails.

des Débats, destiné à produire plusieurs millions de bénéfices et à exercer une influence si extraordinaire, ne fut pas vendu à M. Bertin beaucoup plus de vingt mille francs. Ainsi la personnalité la plus puissante de la presse périodique, la feuille qui devait faire et défaire les dynasties, commença comme la ville éternelle, par des masures, cela soit dit sans offenser ni Rome, ni le *Journal des Débats*. Au moment de son apparition, le bon principe domine dans ses colonnes. Il sert la société d'abord, parce que son penchant l'y porte, ensuite parce que c'est un moyen de servir sa propre fortune. Il favorise la grande réaction des intérêts publics, et ses intérêts personnels y trouvent leur compte.

L'empire, en se présentant, met à l'épreuve la fermeté de ses convictions. Il transige avec l'empire. L'intérêt est plus fort chez lui que la croyance, il subit la loi qu'on lui impose, il consent à ne servir la société que dans la limite tracée par le nouveau gouvernement. Nous savons qu'on pourra taxer ce jugement de sévérité, et ce serait ici le cas peut-être d'appliquer au journal en question le bénéfice de cette admirable phrase de Tacite, qui préfère, aux ambitieux suicides de ceux qui conspiraient contre les mauvais empereurs, la conduite de ceux qui, renonçant au bien absolu pour le bien possible, cherchaient à concilier les tempéramens d'une conduite prudente envers le prince avec leurs devoirs envers la société et l'humanité. Mais nous nous servons, dans cette circonstance, de la connaissance que nous avons de l'histoire générale du *Journal des Débats*, pour apprécier cet incident particulier, et c'est ainsi que, chez lui, nous pouvons attribuer sans injustice à l'égoïsme, une conduite qui, chez d'autres personnes, n'était peut-être que l'effet de la résignation et de l'amour de la paix.

Cet état de choses dure jusqu'au moment où le *Journal des Débats*, devenu *Journal de l'Empire*, perd sa personnalité, et se voit absorbé par la police impériale qui confisque la propriété de la feuille périodique après en avoir confisqué la direction. Dans cette situation, le *Journal de l'Empire* défend la société quand on le lui permet, et l'arbitraire quand on le lui ordonne. On lui laisse sa couleur littéraire, et en partie sa couleur religieuse, pour qu'il ne perde point un ascendant et une influence dont on profite; comme on laisse, à une troupe qui a tourné à l'ennemi, son uniforme et sa cocarde, pour qu'elle trompe et surprenne l'armée des rangs de laquelle elle sort.

Lorsque vient la Restauration, le bon principe reprend sa place et chasse le mauvais. Le *Journal des Débats* complète son système qui, jusque là, avait été imparfait et incomplet. En recouvrant sa personnalité, il met d'accord son symbole politique avec son symbole philosophique et littéraire. L'intérêt personnel se trouvant encore une fois en harmonie avec l'intérêt social, la marche de la feuille a quelque chose de franc et de décidé. Le *Journal des Débats* fait alors pour la politique ce qu'il a fait, en 1800, pour la philosophie, il opère sur les faits comme il a opéré sur les idées.

Cet état de choses dure jusqu'à la seconde moitié du ministère de M. de Villèle. Alors il arrive ce qui était déjà une fois arrivé : l'intérêt individuel du journal se met en lutte avec l'intérêt social. Ce n'est point, comme sous l'empire, la force brutale d'un pouvoir arbitraire qui place la feuille périodique entre le sacrifice de ses croyances et le sacrifice de ses intérêts; mais c'est l'ambition et la rancune, un désir de puissance trompé, une prétention d'influence déçue; en un mot, c'est l'égoïsme sous une autre forme, non plus l'égoïsme effrayé pour son existence, mais l'égoïsme blessé dans ses passions. La cause qui avait disposé le *Journal des Débats* à montrer tous les genres d'obéissance à l'empire, est la même qui le détermine à diriger tous les genres d'hostilité contre la Restauration. Il avait plié devant l'Empereur par une crainte égoïste, c'est par égoïsme encore qu'il rompt avec Charles X ; seulement son égoïsme, qui ne demandait qu'à vivre sous l'empire, aspire à régner sous la monarchie.

C'est ici l'occasion d'examiner le procès qui s'éleva entre le *Journal des Débats* et la royauté, procès gagné par le premier devant la fortune, mais qu'il perdra au tribunal de l'équitable histoire.

Pour que le journal pût, nous ne disons pas, justifier, mais motiver sa conduite, il faudrait que le gouvernement de la Restauration eût été vraiment intolérable pour le pays, et que ses inconvéniens eussent de beaucoup dépassé ses avantages. Certes il serait peu digne de l'impartialité historique de ne point reconnaître qu'il y eût des abus sous la Restauration. Les gouvernemens de main d'hommes sont ainsi faits, on y trouve toujours un mélange d'ombres et de lumières. Il y avait dans la position même de la monarchie un vice, heureusement temporaire, mais qui eut des conséquences fâcheuses. La royauté avait été long-temps absente du sol, et il était impossible que cette absence prolongée ne produisît pas quelques malentendus entre elle et le pays. Les hommes de la cour entouraient un peu trop le trône, et ils ne lui donnaient guère plus de lumières aux jours de prospérité, qu'ils ne lui donnèrent de secours quand vinrent les jours d'épreuves. La Restauration s'étant opérée d'une manière soudaine et inattendue et par la force des événemens qui jetèrent la France dans les bras de la royauté, plutôt que par l'éducation des esprits et des intérêts, le travail d'assimilation, si nécessaire en politique, n'avait point eu lieu ; la royauté était revenue en conservant un peu trop les habitudes de son exil, et le pays, avant de la recevoir, ne s'était point assez façonné aux mœurs et aux principes monarchiques. Pour ne rien céler, disons encore qu'au milieu d'hommes vraiment religieux, les hommes d'intrigues qui spéculent sur tout, sur les vertus des princes quand ils en ont, comme sur leurs vices quand les vertus leur manquent, abusaient des sentimens de piété et de religion de la branche aînée, pour fatiguer tout le monde des affectations d'une dévotion tracassière et d'une intolérante hypocrisie.

On voit que nous ne cherchons à rien cacher des abus véritables qu'on pouvait reprocher à la Restauration; mais, outre que ces abus étaient incomparablement moins redoutables que les dangers d'une révolution, ils étaient essentiellement transitoires. L'influence, peut-être un peu trop grande de la cour, tenait à des habitudes d'émigration qui devaient disparaître à la fin d'un règne. Les malentendus entre la royauté et la société, venant de l'absence de la première pendant un long espace de temps, ne pouvaient manquer de disparaître à mesure que la royauté et le pays vivraient ensemble; quant aux manéges des hypocrites, si l'on veut indiquer un moyen de supprimer les vices des hommes et d'empêcher qu'il y ait des flatteurs et des ambitieux, nous avouerons que la Restauration méritait sa chute; mais si l'on est obligé de reconnaître que, sous tous les règnes comme sous tous les régimes, il y a des hommes qui exagèrent les qualités et les défauts des gouvernans afin d'en tirer avantage, alors il faudra convenir, en même temps, que la Restauration ne fut pas plus coupable d'avoir enfanté de faux dévots à côté des vrais dévots, que l'empire des faux enthousiastes en matière de guerre et de conquête à côté de tant de braves capitaines; et la révolution, de faux patriotes à côté de ceux qui faisaient à la France un rempart vivant de leur poitrine, sur les frontières.

Il était donc injuste d'accuser la Restauration d'un des vices inhérens à notre nature, et les abus qu'on pouvait lui reprocher étaient loin d'être intolérables; encore faut-il ajouter que la plupart de ces abus devaient être passagers, ainsi qu'on l'a déjà fait observer. Aussi n'étaient-ils point, en réalité, la cause du mouvement politique auquel le *Journal des Débats* imprimait l'impulsion contre la royauté, ils n'en étaient que le prétexte. C'était un moyen dont on se servait pour enflammer les esprits crédules, et entretenir partout les passions dont on avait besoin pour arriver à un but marqué d'avance. La guerre faite à la Restauration était plutôt encore une affaire de vanité qu'une affaire politique. Il y avait, nous ne dirons pas une classe, mais la tête d'une classe, qui se sentait une influence réelle qu'elle voulait faire officiellement reconnaître. Elle n'aimait pas l'aristocratie nobiliaire, parce qu'elle voulait être l'aristocratie, et elle persuadait à tout le monde, autour d'elle, qu'elle aimait l'égalité, parce qu'elle détestait toute supériorité qui planait au dessus de son niveau; c'étaient de ces républicains dont les monarchies ont toujours été pleines, grands citoyens par pis-aller, et parce que leur naissance ne les avait pas fait naître grands seigneurs. Ils voulaient le pouvoir, et surtout l'appareil extérieur du pouvoir, l'influence politique, et surtout la décoration de cette influence. Il ne s'agissait pas, pour ces hommes, d'obtenir que les affaires fussent faites de telle ou de telle manière, il s'agissait d'obtenir qu'elles fussent faites par eux. Leur mobile était un appétit de puissance et surtout de distinction; la question était, pour M. Laffitte, d'être pair de France; pour M. Dupin, d'être un pouvoir dans l'Etat comme il l'était dans le barreau; pour M. Guizot, d'être ministre ; pour M. Sébastiani, d'être ambassadeur. Que dirons-nous de plus? c'étaient des ambitions satisfaites dans la vie privée et qui voulaient s'ouvrir un horizon dans la vie politique. Les questions de principes n'étaient que la forme extérieure du problème, les questions de personnes étaient au fond de tout.

Ceci explique admirablement l'issue de la révolution de 1830. Toutes ces grandes phrases qu'on faisait tonner contre la Restauration, n'étaient, à vrai dire, qu'une artillerie libérale destinée à démanteler les fortifications de la place. Quand la ville fut prise, on fit ce qu'on fait toujours en pareilles circonstances, on fit taire le canon. Le seul résultat de cette révolution fut un changement de personnes, parce que les chefs du mouvement libéral n'avaient pas d'autre but que ce changement.

Certes, nous comprenons cette soif d'influence qui doit tourmenter les hommes supérieurs, désireux d'avoir en leurs mains les destinées de leur pays, parce qu'ils se sentent en position de les soutenir d'une manière haute et fière. Que Richelieu ait beaucoup fait pour prendre et garder le pouvoir, nous le concevons. Le pouvoir, dans les mains de Richelieu, c'était l'unité rétablie à l'intérieur par la ruine du protestantisme, et recevant une éclatante manifestation au dehors par l'abaissement de la maison d'Autriche. Mais si l'on nous disait que, par passion pour le pouvoir, Richelieu a consenti à gouverner en sachant que sa présence aux affaires détruirait l'unité à l'intérieur et humilierait le pays aux frontières, nous ne pourrions plus comprendre cette brutale ambition qui aurait mieux aimé perdre la France que de la voir sauvée par d'autres mains. En un mot, nous comprenons l'ambition qui désire le gouvernement comme une occasion d'appliquer une haute intelligence aux grands intérêts du pays; nous cessons de la comprendre quand elle descend jusqu'à cette passion effrénée du joueur qui s'assied devant la table fatale pour les émotions du jeu, sûr d'avoir contre lui et contre le pays qu'il compromet, toutes les chances de la fortune.

Tel fut précisément le rôle de ceux qui, comme le *Journal des Débats* et quelques personnages politiques, conduisirent la France à une révolution, sans avoir l'excuse de l'incapacité et du défaut d'intelligence; et si l'on vient à rapprocher les griefs personnels qu'ils firent valoir contre la monarchie, des grands intérêts nationaux qu'ils sacrifièrent, on se sent saisi d'un étonnement involontaire qui fait bientôt place à l'indignation.

Lorsque, dans un siècle, la postérité lira notre histoire, elle ne voudra pas croire à la puérilité des motifs qui ont renversé la monarchie. Ces graves discussions sur la question de savoir si le Roi gouverne ou s'il doit seulement régner; ces éternelles dissertations sur l'étendue et sur l'inviolabilité des deux prérogatives, produiront, sur l'esprit de nos descendans, l'effet produit sur notre esprit par le souvenir des misérables querelles auxquelles se livraient les Grecs du Bas-Empire pendant que les Turcs assiégeaient les murailles de Constantinople. Lorsqu'on verra, dans l'histoire, ces 221 tout préoccupés de la question de savoir s'ils feront prévaloir les hommes de la prérogative parlementaire sur les hommes de la prérogative royale; s'ils obtiendront M. de Sébastiani pour ministre, au lieu de M. de Polignac; s'ils pousseront M. Dupin dans les honneurs, s'ils donneront une satisfaction à l'orgueil de M. Laffitte, et une dernière illusion à la caducité de M. de Lafayette ; lorsqu'on étudiera, dans le lointain du temps, cette coalition de graves étourdis s'enflammant pour ces chétifs intérêts, et ces témérités séniles jouant les destinées de leur pays contre une question d'amour-propre et d'étiquette, dans un moment où les intérêts les plus graves de la France étaient en jeu, on se sentira saisi d'une profonde pitié pour la société et pour l'époque dont le sort se trouva placé en de pareilles mains.

Il suffisait, en effet, d'une médiocre intelligence des hommes et des choses, pour comprendre qu'à l'époque où l'opposition à outrance de la presse et de la chambre conduisit à une révolution, la situation générale de l'Europe et la position particulière de la France, imposaient de grands devoirs à tous les hommes qui se sentaient dans le cœur un dévoûment véritable pour les intérêts de ce pays. Nous ne reprochons à personne d'avoir pensé que le choix du ministère du 8 août était un événement malheureux. Nous avons expliqué ailleurs la complication de circonstances qui conduisit la royauté à commettre cette faute, que nous reconnaîtrons d'autant plus volontiers que, selon nous, malgré les spécialités de détails et le caractère honorable des ministres de cette époque, le ministère du 8 août était encore moins à la hauteur de la situation extérieure qu'à la convenance de la situation du dedans. Ce fut peut-être un des grands malheurs de la Restauration, et, par contre-coup, un des grands malheurs de la France, que de n'avoir pas mis en évidence un de ces hommes de politique extérieure qui mesurent d'un regard une situation générale, et entrent de plain-pied dans la route où les événemens attendent leur pays. M. de Villèle ne prit point ce rôle, soit que son génie inclinât, par un penchant naturel, vers le maniement des choses de l'intérieur, soit que la situation où il se trouvait ne lui laissât point les bras libres aux frontières. Or, ce rôle resté vacant sous M. de Villèle, ne pouvait être rempli par personne dans le ministère du 8 août ; et c'est sous ce point de vue que nous pouvons dire qu'il y eut une double faute dans le choix de ce cabinet. Mais comment qualifier la conduite de ceux qui, dans le désastreux enfantillage de leur rancune contre la royauté, poussèrent la violence de leurs représailles jusqu'à rendre inévitable une catastrophe révolutionnaire, et qui choisirent, pour accomplir cette révolution, le moment où la France allait recueillir tous les fruits des quinze années qui venaient de s'écouler?

Maintenant que les passions politiques sont tombées et que les fureurs de l'esprit de parti sont refroidies, on n'est plus exposé à trouver de contradicteurs, en disant que la Restauration avait porté une main tutélaire sur les plaies de la France. La trouée que l'Empire, ce glorieux boulet de canon qui ne s'était reposé qu'à Sainte-Hélène, avait laissée dans la population était comblée; le sang était revenu dans les veines de ce corps fatigué, l'or dans ses finances en détresse, une nouvelle vigueur animait ce peuple jadis épuisé par ses victoires. A l'abri des traités de 1815, imposés par l'Europe conquérante aux malheurs de la France de l'Empire, il s'était formé une France monarchique pleine de jeunesse, de puissance et de vie. Ce droit politique fondé par la coalition de toutes les puissances de l'Europe contre la faiblesse de la France, chancelait de lui-même sur sa base, par suite de l'éparpillement de toutes les volontés qui avaient concouru à former le nœud qui liait les mains à notre fortune, par suite aussi de la nouvelle position de notre pays, de la force qu'il avait acquise, et de son influence qui allait en croissant. Il convenait donc de laisser dormir au dedans toutes les querelles domestiques qui pouvaient empêcher le gouvernement d'entendre sonner au dehors l'heure de la fortune de la France. Il fallait que tous les cœurs, tous les esprits fussent réunis dans une même pensée, celle de saisir l'à-propos de la première occasion qui permettrait d'en appeler des traités de 1815, soit dans les grands remaniemens diplomatiques qui se préparaient, soit dans les luttes militaires qui pouvaient s'ouvrir. Toutes les années qui venaient de s'écouler avaient disposé les voies, il ne restait plus qu'à y entrer, et de graves symptômes annonçaient que le moment n'était pas éloigné où l'on allait recueillir le fruit d'un régime réparateur. Tout était changé depuis quinze ans, la France comme l'Europe. L'espèce de route militaire qui aboutissait, par deux portes, au sein de notre territoire, ne devait donc plus subsister ; ce partage de l'Europe, fait sans nous et contre nous, devait subir une révision. La précaution prise contre le souvenir de l'Empire, devait cesser de peser sur la France monarchique. Nous étions assez forts pour l'exiger de chaque intérêt national en particulier, et l'intérêt européen, qui nous avait fait la loi, n'existait plus.

En même temps, la situation générale nous présentait, dans un avenir peu éloigné, l'occasion qu'il importait de saisir et la chance favorable qu'il fallait attendre pour donner l'impulsion à des événemens empressés de se produire. En tournant les yeux vers l'occident de l'Europe, on rencontre un formidable empire qui se débattait encore dans les convulsions de son enfance et dans le travail pénible de sa formation, pendant que la plupart des royaumes européens, dans tout l'éclat de leur force et de leur renommée, occupaient le premier plan sur la scène du monde. La Russie est comme l'arrière-garde de la civilisation européenne, mise en réserve pour remplir une mission inconnue ; elle s'avance, d'un pas lent mais sûr, vers des destinées encore voilées devant les regards des hommes. Avec la patience de ces organisations vigoureuses qui ont trop le sentiment de leur force pour être accessibles à l'impatience, elle a couvé lentement dans un repos fécond l'œuvre immense de sa fortune. Ce peuple tard venu a, sur les autres peuples, l'avantage d'être nouveau dans l'histoire du monde, de n'y avoir pas vécu sa vie, joué son rôle, accompli sa destinée. Il a trop peu de passé pour ne point avoir d'avenir. Aussi, tandis que la plupart des sociétés européennes voudraient immobiliser la situation et arrêter la roue de la fortune, la Russie seule désire le mouvement, parce qu'elle sent que le mouvement est dans le sens de ses intérêts ; la Russie seule veut marcher parce qu'elle comprend qu'elle a une carrière devant elle. Cette gigantesque Macédoine, s'élevant à l'extrémité de cette Grèce aux proportions plus vastes, qu'on appelle l'Europe, a quelque chose de la physionomie de son aînée. C'est la même finesse dans les conseils et la même vigueur dans l'action ; quelque chose de raffiné comme la civilisation et quelque chose de robuste et de fort comme la barbarie. Entrée, vers le dix-huitième siècle seulement, dans la balance des intérêts européens, son influence est toujours allée en croissant. Depuis la triste campagne de 1812, tentée par une coalition européenne à la tête de laquelle marchait Napoléon, une terreur mystérieuse plane sur les solitudes glacées du grand empire du Nord, et ajoute un prestige de puissance morale à sa puissance réelle. Rien ne semble impossible au peuple contre la destinée duquel est venu expirer la fortune de Napoléon.

En face de cet ascendant de la Russie, qui tendait, pendant la Restauration, à s'exprimer dans les affaires européennes, un cabinet se présentait, qui opposait aux splendeurs des espérances russes l'éclat de ses souvenirs : c'était le cabinet de Saint-James. Dès que Napoléon eut succombé dans sa lutte avec l'Europe entière, la querelle qui avait été un moment posée entre Saint-Pétersbourg et Paris, se reposa entre Londres et Saint-Pétersbourg. Toute l'histoire diplomatique du temps de la Restauration n'est que le reflet de cette lutte, dans laquelle chacun des deux états conservait l'attitude naturelle à sa position particulière. Londres, puissant par son passé et qui, en possession de la plénitude de sa fortune, avait plus de souvenirs que d'espérances, cherchait, à l'aide de l'Autriche, à maintenir le *statu quo* européen, dans lequel l'Angleterre avait une si magnifique place, grâce au rôle qu'elle avait joué pendant les coalitions européennes contre l'Empire. Tous les efforts du cabinet de Saint-James tendaient à entraîner la France dans les voies de cette politique. Il aurait voulu faire de tous les peuples autant d'obstacles pour enrayer le mouvement de la Russie. Il employait le seing et le contre-seing de tous les cabinets, afin de mettre, pour ainsi parler, les scellés sur les destinées du grand empire du Nord qui, tendant à se développer, alarmaient déjà la prévoyante jalousie de l'empire Britannique devenu défiant comme tous les vieillards. Le cabinet de Saint-Pétersbourg, au contraire, tout entier à la pensée de son avenir, recherchait avec ardeur l'alliance de la France pour contre-balancer le poids des résistances que lui suscitait l'Angleterre chaque fois qu'il voulait faire un mouvement. Il travaillait à réaliser une pensée de Pierre-le-Grand qui, lors de son voyage à Paris, avait voulu rapprocher, par un traité, les cabinets de Versailles et de Saint-Pétersbourg : pensée féconde mais avortée par l'incurie du régent d'Orléans, plus soigneux des intérêts de sa famille que de ceux de l'État, et plus occupé de trouver des mariages pour ses enfans que de fonder le système de nos alliances diplomatiques sur ses véritables bases.

Entre ces deux impulsions contraires, le rôle de la France était marqué, et ce rôle était admirablement beau. La durée du *statu quo* de 1815 nous était contraire, puisque, ainsi qu'on l'a vu, la carte de l'Europe avait été refaite à cette époque, sans nous et contre nous. Il y avait donc une haute position à prendre, une position qu'il n'appartenait qu'à nous de remplir. La Russie voulait le mouvement, le mouvement nous était favorable ; l'intérêt russe semblait donc l'allié naturel de l'intérêt français. L'Angleterre voulait maintenir le *statu quo*, et par conséquent une délimitation européenne arrêtée dans un moment où notre fortune était en décadence ; délimitation qui pouvait n'être que prudente le lendemain de l'Empire, mais qui devenait inique en présence de la Restauration. L'intérêt anglais était donc, en cette occasion comme presque toujours, l'ennemi naturel du nôtre. Ainsi nous obtenions un avantage certain et évident à pencher du côté de la Russie ; mais en nous plaçant dans cette politique, nous devions éviter de nous y précipiter. Il ne pouvait nous convenir d'être les instrumens des desseins d'aucun cabinet, appelés que nous étions à être les modérateurs suprêmes de l'Europe ; car partout où la France jetait le poids de son influence elle donnait l'avantage. Il nous était possible tout à la fois, de favoriser le mouvement de la Russie en Europe pour nous délivrer des traités de 1815, et de diriger les agrandissemens de cette puissance vers l'orient afin de mettre l'Europe à l'abri de son ambition. Elle avait trop besoin de notre consentement pour avoir rien à nous refuser.

Telle était la position de la France, dans les dernières années du gouvernement royal. Ceux qui savent les affaires et qui ont parcouru les cartons des dépêches diplomatiques, n'ignorent point que le tableau que nous venons de présenter est tracé, non pas avec des illusions et des utopies, mais avec des faits. La situation qui s'y reflète s'était déjà manifestée d'une manière éclatante lors de la complication politique qui s'était présentée en Orient. On avait vu, malgré l'Autriche et l'Angleterre, une armée russe s'avancer jusqu'à Andrinople et s'arrêter à cette limite sur les représentations de notre cabinet, qui se montra, dans cette occasion, trop timide peut-être ; car, ainsi qu'on l'a dit, ce n'était point à la France de protéger le *statu quo* européen dont elle subissait tous les inconvéniens, et dont les autres peuples recueillaient les avantages. Mais enfin ce n'était là qu'une partie remise. L'échiquier de l'Europe n'avait point cessé d'offrir le même aspect. L'intérêt anglais et l'intérêt russe devaient se rencontrer. Notre rôle était toujours là, aussi avantageux et aussi beau, il n'était possible à personne de nous le ravir, et il dépendait de nous de donner le signal de ce mouvement qui devait nous permettre de recouvrer nos frontières naturelles.

C'est au milieu de cette admirable partie que le *Journal des Débats* et l'opposition avec laquelle il marchait, jetèrent la révolution de 1830 comme un de ces coups de tonnerre qui renversent tout. Pour je ne sais quels médiocres intérêts, pour quelques amours-propres blessés, quelques ambitions lasses d'attendre, pour des jalousies d'intérieur, des haines d'aristocrates bourgeois contre les aristocrates nobiliaires, il sacrifia cette grande et belle chance ouverte devant la fortune du pays. Les déplorables avocats de l'assemblée des 221, et ces autres avocats de la presse, s'évertuèrent à chicaner le trône sur des puérilités politiques quand il s'agissait de gagner le procès de la France. Ils plaidèrent la question du mur mitoyen entre la chambre et la royauté, quand il s'agissait de reconquérir nos frontières perdues et de rétablir notre influence en Europe. Ce fut, à vrai dire, une grande pitié que de voir ces éloquences auxquelles les grandes questions pendantes en Europe échappaient par le fait même de leur grandeur, tourner obstinément le dos aux intérêts immenses qui appelaient leurs regards au dehors, et, claquemurés dans la discussion de déplorables arguties, s'inquiéter peu de rendre des frontières à la France, pourvu qu'ils ôtassent l'article 14 de la charte. Pauvres aveugles, qui s'occupaient à extirper un fétu, et qui n'apercevaient point la poutre des traités de 1815 toujours suspendue au dessus de notre tête!

Voulez-vous mesurer toute l'étendue de la faute, nous allions dire du crime du *Journal des Débats* et de tous ceux qui, comme lui, travaillèrent à rendre une révolution inévitable? Comparez la situation de la France d'aujourd'hui à ce qu'elle était dans les dernières années du gouvernement royal; pesez les avantages avec les avantages, les inconvéniens avec les inconvéniens; voyez ce que sont devenues les chances que nous vous avons montrées si sûres et si belles, cet avenir que nous vous avons fait voir si brillant et si prochain. Nous allons présenter ce parallèle, qui entre dans les devoirs et dans le plan de cet ouvrage. Il est temps que les ouvriers portent la responsabilité de leur œuvre, et le moment est venu de faire éclater la dernière des justices de cette histoire, en demandant au *Journal des Débats* ce qu'il a fait, non plus des destinées de la Restauration, mais de celles du pays.

CHAPITRE XXIII.

Sommaire : Résumé de la situation de l'Europe. — Nouveaux détails. — Explication de la politique de l'Angleterre. — Grandeur matérielle et affaiblissement moral. — Comment la France a pu devenir complice de la politique du *statu quo*. — Sa situation en Europe a été changée. — Malveillance des puissances continentales. — Les traités de 1815 tacitement renouvelés. — La guerre devenue une éventualité fatale dénuée de chances de succès. — Ecueils dont cette situation est semée. — Fâcheuse position du pays reconnue par les deux hommes d'état qui représentent les deux nuances de l'ordre de choses actuel. — — Aveux de MM. Thiers et Guizot dans une discussion récente. — Moralité de cette discussion. — Le Rhin empêche d'exercer aucune action sur les Pyrénées, les Pyrénées de pourvoir à aucun péril du côté du Rhin. — Qui faut-il rendre responsable de cette situation. — Est-ce le gouvernement de juillet? — Est-ce le parti révolutionnaire? — Le *Journal des Débats* doit surtout être accusé, parce qu'il a fait le mal en connaissance de cause. — Fin de cette histoire.

Nous avons exposé quelle était la situation diplomatique de l'Europe au moment où, par le renversement de la maison de Bourbon, le *Journal des Débats* et ses alliés rompirent les relations établies et bouleversèrent le système des rapports qui unissaient les différens cabinets. Cette situation était précise et claire. L'Angleterre et l'Autriche qui, par les traités de 1815, avaient acquis tout ce qu'elles pouvaient acquérir, employaient tous leurs efforts à immobiliser l'état de l'Europe. La Russie, qui avait le sentiment de son avenir et de sa force, voulait marcher, et elle entraînait la Prusse dans son mouvement. La France était donc admirablement posée, car partout où elle se portait elle faisait pencher la balance. L'expédition d'Espagne, tant critiquée par l'opposition de quinze ans, qui ne peut échapper ici au reproche d'avoir été peu intelligente qu'en consentant à reconnaître qu'elle sacrifiait un intérêt national à un intérêt de parti, l'expédition d'Espagne avait eu ce beau résultat de nous donner toute sécurité sur les Pyrénées, et par conséquent de nous laisser les bras libres sur le Rhin. Nous étions assurés, sinon d'une alliance offensive et défensive, au moins d'une neutralité bienveillante du côté du cabinet de l'Escurial ; de sorte que nous pouvions diriger toutes nos forces sur le point où il nous conviendrait d'agir.

A aucune époque de notre histoire, on peut le dire, les chances de la fortune ne s'étaient présentées d'une manière plus favorable pour la France. Elle allait prendre la revanche du rôle que ses adversités lui avaient donné dans les traités de 1815 ; cette revanche se présentait naturellement et comme d'elle-même. La puissance sans laquelle et contre laquelle on avait réglé les destinées de l'Europe, en était devenue la régulatrice ; car tout le monde avait besoin d'elle et elle n'avait besoin de personne. Placée dans toutes les conditions de la force, par la pacification de l'Espagne, dans ces conditions d'action et d'influence où Louis XIV l'avait mise, et où Napoléon avait en vain tenté de la rétablir par l'essai malheureux de l'importation d'une branche de sa dynastie à l'Escurial ; appuyée sur une nombreuse jeunesse, élite militaire d'une population réparée par la paix, disposant de finances riches et prospères, la France avait déjà vu l'avènement de sa situation nouvelle diplomatiquement accepté. Des offres lui avaient été faites qui constataient les graves changemens survenus en Europe depuis 1815. C'est un fait notoire en diplomatie, que le cabinet de Saint-Pétersbourg avait déjà fait pressentir le cabinet de Berlin, pour le préparer aux agrandissemens de territoire que la France pourrait réclamer dans le cas où son alliance avec la Russie l'entraînerait dans une lutte européenne au sujet des affaires d'Orient. Cette tendance de la politique moscovite à concentrer tous ses projets d'ambition du côté de l'orient, répondait aux craintes que quelques-uns de ces esprits, qui ont le tort de se souvenir lorsqu'il s'agit de prévoir, cherchaient à accréditer relativement aux vues du cabinet de Saint-Pétersbourg sur l'Europe. Ceux qui connaissaient la direction des idées russes n'avaient pu admettre ces craintes. Ils savaient que le nouvel empereur, en adoptant ces idées d'agrandissement sur la frontière turco-russe, avait reconquis la popularité perdue par son frère en suivant une autre politique. Du reste, la France était libre, complètement libre de choisir entre les deux camps qui se formaient; la Russie lui avait fait des offres pour rompre le *statu quo* européen; d'autres offres devaient lui être faites par les puissances qui désiraient la conservation de la paix. C'était au cabinet français à peser les avantages de ces différentes ouvertures et à jeter le poids de son influence ou de son épée du côté où il verrait les chances les plus favorables pour l'intérêt du pays.

A cette situation ainsi résumée, opposons la situation que le *Journal des Débats* et ses amis ont faite à la France. Ici les événemens sont présens à tous les esprits et respirent, pour ainsi parler, sous nos yeux. Un fait, un seul fait suffit, selon nous, pour exprimer la différence incommensurable, infinie, qui existe entre la position où l'on nous a placés, et celle que nous avons perdue: nous étions les adversaires de la politique anglaise, nous sommes aujourd'hui les complices de ses desseins et les supports de sa fastueuse impuissance.

En nous exprimant ainsi, au sujet d'une alliance tant préconisée par les amis du système actuel, et, en particulier, par le *Journal des Débats*, qui s'est fait le panégyriste du traité par lequel le cabinet du Palais-Royal s'est uni au cabinet de Saint-James, nous éprouvons le besoin de motiver notre opinion et de développer notre pensée sur l'Angleterre.

Au milieu de l'été dernier, celui qui écrit cette histoire, cherchant à approfondir la question dont il parle, étudiait la situation de la Grande-Bretagne au sein de la Grande Bretagne même. Certes la distance est courte entre ces deux capitales sœurs, mais sœurs ennemies, qui, debout au bord de la Tamise et de la Seine, se regardent depuis tant de générations avec des yeux pleins de colère et de rivalité. Cependant il y a, dans chacune des deux contrées, une atmosphère à travers laquelle on aperçoit les objets qui vous entourent, et cette atmosphère teint les hommes et les choses des couleurs qui lui sont propres. S'il n'y a que deux jours de trajet entre les deux villes, il y a des siècles de distance entre les caractères des deux peuples. Arrivé au milieu des dernières rumeurs d'un règne qui venait de finir et des premières incertitudes d'un règne qui commençait, nous pûmes voir le château de Windsor s'ouvrir pour laisser passer les funérailles du roi Guillaume, qui, à travers les ténèbres d'une belle nuit d'été, illuminée à demi par un de ces clairs de lune nuageux particuliers à l'Angleterre, se dirigeaient lentement vers la chapelle du château; et, le lendemain de ces lugubres cérémonies, nous assistions aux réjouissances d'un nouveau règne. Mais ce n'était point le spectacle de ces choses extérieures qui nous préoccupait, c'était l'étude intime de la situation de la Grande-Bretagne.

Au dehors, et pour ceux qui se contentent d'un examen superficiel, il n'y a rien de changé. L'aspect matériel de l'Angleterre est le même, peut-être est-il plus imposant encore. Il y avait plusieurs années que nous n'avions vu Londres, et, dans de précédens voyages, nous avions seulement passé le détroit et pris notre course par Douvres ou Brigton. Cette fois nous voulûmes débarquer à Londres même en remontant la Tamise. Il faut le reconnaître, c'est là l'entrée royale, l'entrée monumentale de cette grande cité des mers. Quand on arrive par terre à Londres, on n'a pas plus une idée de la puissance anglaise, que l'on ne peut s'en former une de la puissance de la France lorsqu'on pénètre à Paris par la barrière d'Enfer, ou par une autre de ces issues étroites et sans grandeur, ouvertes comme autant de portes dérobées sur notre ville capitale. Lorsqu'on aborde Paris par cette magnifique barrière de l'Étoile qui élève, comme un sublime portique, son gigantesque Arc-de-Triomphe vers le ciel ; lorsqu'on aperçoit devant soi cette vaste avenue des Champs-Élysées, et, dans le lointain, le palais des Tuileries étendant ses deux bras noirs aux deux bouts de l'horizon, alors, et seulement alors on peut se faire une idée juste et complète du rôle que joue dans le monde la cité où l'on vient d'entrer. Eh! bien, l'émotion qu'on éprouve en entrant à Londres par la Tamise est plus vive, et l'idée qu'on se forme de la puissance anglaise plus juste encore. La Tamise est la grande route de Londres. C'est une rue de vingt-cinq lieues, toujours pleine de passans, et dont les passans sont des vaisseaux. A mesure qu'on avance, cette voie britannique devient plus populeuse et plus fréquentée; peu de minutes s'écoulent sans qu'on aperçoive la voile d'un navire de guerre ou d'un bâtiment de commerce ouverte au vent qui la gonfle, et sans qu'on voye fumer le mât de tôle d'un bateau à vapeur qui fuit à l'horizon, en laissant derrière lui, dans les airs, un nuage noir qui semble être son épaisse haleine, et sur les vagues le large sillon de ses roues. Puis on voit se succéder, à des intervalles rapprochés, des villes échelonnées d'espace en espace, comme des fabriques de vaisseaux. Ce sont Ramsgate, Margate, Gravesend, Woolwich avec son hôpital pour tous les marins du monde, situé en pleine mer et établi sur un immense vaisseau ; Greenwich enfin, avec son ancien château royal, consacré à la vieillesse et aux blessures des marins anglais, comme pour rappeler que la marine est la véritable reine d'Angleterre. Tout le long de cette côte on aperçoit des navires en construction, devant lesquels passent à chaque instant d'autres navires. En voyant ces carènes aux ailes blanches et aux flancs diaprés de mille couleurs, glisser avec une inconcevable rapidité devant ces coques noires et immobiles, on croirait voir de brillans papillons effleurer, en se jouant, de lourdes chenilles qui n'ont point achevé le pénible travail de leur transformation.

Quand on approche de Londres, on ne peut plus avancer qu'avec beaucoup de précaution à travers cette cohue de vaisseaux qui semblent se presser dans le vaste lit de la Tamise. A partir du pont de Londres, le long des deux rives, deux immenses files de navires, rangés, ainsi qu'un régiment, par compagnie de vingt ou trente de front, s'étendent vers l'embouchure de la Tamise comme les deux bras armés de la capitale de l'Angleterre, allongés pour saisir la mer. A la vue de ces innombrables navires qui se croisent dans tous les sens, de cette Tamise si animée, si peuplée, on demeure frappé de la puissance du peuple qu'on va voir, et l'on se forme une grande idée de l'Angleterre. Londres, c'est la capitale du mouvement, du mouvement dans l'espace par sa marine, du mouvement dans le commerce par son crédit, du mouvement dans la politique par la propagande des idées. Londres, cette grande revanche de la mer vaincue à Carthage contre le continent son vainqueur, a réalisé l'ubiquité de Rome d'une manière plus puissante et plus formidable. L'Angleterre est partout, car l'Angleterre c'est un navire, une lettre de change et une idée révolutionnaire.

Telle est la pensée qui frappe d'abord, et cette puissance semble si prodigieuse quand on la mesure d'un premier regard, que sa chute paraît impossible. Depuis vingt ans Londres a presque doublé d'étendue. La reine des mers a, comme les mers elles-mêmes, quelque chose de vague et d'indécis ; n'étant bornée par aucune limite, elle étend démesurément ses flancs qui ne sont resserrés par aucune ceinture. Ce n'est que lorsque le premier moment de l'admiration est passé, lorsqu'on a familiarisé sa vue avec cette perspective gigantesque, que l'on peut chercher à étudier avec fruit la situation morale du pays, sur laquelle cette grandeur matérielle avait jeté un voile ; alors, en écoutant les esprits supérieurs, en surprenant leurs incertitudes et leurs appréhensions, on voit les choses se présenter sous un tout autre aspect.

Essayons de résumer en quelques mots toutes les causes qui précipitent l'Angleterre vers sa décadence. L'Angleterre est arrivée de tous les côtés à cette limite après laquelle il n'y a pas d'issue. Par son incommensurable dette, elle touche au terme où la guerre en s'allumant rendrait une banqueroute nationale nécessaire. Par l'immense développement de sa puissance, elle touche au terme où l'esprit national, n'étant plus stimulé par la perspective d'une tâche à remplir, s'allanguit et laisse décroître cette puissance; car les peuples sont comme les individus, ils déploient moins d'énergie pour conserver que pour acquérir. Par les progrès de son commerce elle touche au terme où une lutte de classe est imminente, lutte de l'argent contre la terre, de l'industrie contre l'aristocratie, du mouvement contre la stabilité, guerre civile de deux aristocraties, derrière lesquelles se remue une population d'indigens innombrable et nue. Enfin, par le progrès des idées, elle touche au terme fatal du protestantisme, ce cadre même de la société anglaise, brisé d'un côté par le philosophisme et par le catholicisme de l'autre. Ajoutez à cela l'Encelade irlandais qui se retourne de temps à autres sous son volcan, et vous aurez une idée exacte de la situation de l'Angleterre.

Maintenant, vous comprenez sa politique. Elle s'arrête, parce qu'elle se sent arrivée au terme de toutes les carrières ouvertes devant elle ; elle s'arrête, parce qu'elle sent qu'un pas de plus peut la perdre ; elle s'arrête, parce qu'elle comprend que tout mouvement doit la faire descendre ; elle s'arrête parce qu'elle ne peut plus marcher. Elle a les mains pleines de richesses, mais ses mains sont liées ; des vaisseaux à couvrir les mers, des empires pour sujets, tout l'extérieur de la grandeur et de la puissance ; mais s'il faut qu'elle combatte encore une fois pour la conservation de toutes ces choses, les maux intérieurs qui la travaillent vont se révéler. C'est le cancer irlandais, c'est le poids énorme des impôts, c'est la décadence de l'aristocratie, c'est la rivalité de deux classes, c'est le radicalisme menaçant et hideux, c'est le protestantisme qui meurt. Le tableau est encore imposant et magnifique, mais le grand cadre qui reliait les morceaux épars de cette toile immense se relâche et se brise, et il ne conserve plus un reste de cohésion que par son immobilité.

Que l'Angleterre s'arrête donc, c'est son intérêt, c'est la condition du maintien de ce prestige de puissance qui l'entoure ; c'était sa politique avant 1830, comme c'est encore sa politique aujourd'hui. Mais si, avant comme après cette date, la politique de l'Angleterre était de maintenir sa prépondérance expirante, en maintenant le *statu quo* de la carte européenne tracée contre la France en 1815 ; si c'était là son ambition, sa seule ambition, la nôtre au contraire était d'obtenir la révision de ces traités, monumens de nos anciens revers. Si l'Angleterre voulait l'immobilité parce qu'elle sentait que sa puissance acquise était supérieure à sa force réelle, et ce qu'elle pouvait perdre plus considérable que ce qu'elle pouvait attendre, la France voulait le mouvement parce qu'elle comprenait que sa position actuelle était au-dessous de ses mérites, au-dessous de sa force, au-dessous de ses ressources, au-dessous de ses moyens. D'où vient que tout est changé ? Pourquoi depuis l'avènement de la révolution préparée par le *Journal des Débats*, voit-on les hommes qui tiennent les affaires devenir les seconds de l'Angleterre dans ses efforts pour maintenir le *statu quo* européen? Ces traités de 1815 qu'on avait intérêt à faire annuler, comment se fait-il qu'on les invoque? Pourquoi le fardeau d'hier est-il devenu aujourd'hui un abri ? Il faudrait expliquer ce changement politique. La France, pour être satisfaite, a-t-elle acquis ces frontières que lui proposait le cabinet de Saint-Pétersbourg? Quelque nouvelle province a-t-elle été ajoutée à notre sol? Avons-nous gagné une ville, un bourg, un pouce de territoire ?

Chacun sait qu'il ne s'est passé rien de pareil ni en 1830, ni depuis 1830. Nous sommes ce que nous étions hier, et cependant toute notre politique est changée. Les plans, les projets qu'on pouvait avouer il y a huit ans comme praticables, si on les formait aujourd'hui ils seraient regardés comme insensés et téméraires.

Les espérances jadis légitimes, seraient aujourd'hui mal fondées. Qu'est-ce à dire encore une fois ? Notre situation est donc bien profondément altérée en Europe? Alliés de l'Angleterre, partisans du *statu quo*, tremblant au seul mot de mouvement, devenus l'une des roues empêchées et paresseuses de la quadruple-alliance, ce char immobile qui porte la fortune du cabinet de Saint-James !

C'est qu'en effet notre situation est profondément altérée en Europe, c'est que tous les rapports qui existaient entre la France et le continent sont rompus. Cette alliance de la Russie qui se présentait, il y a huit ans, avec tant d'avantages, ce n'est plus qu'un souvenir qui sert à faire ressortir le rôle que les politiques du système actuel nous font jouer en Europe, par le constraste du rôle qui nous était destiné. Toutes ces cours qui, nous l'avons dit, envoyaient, lors de l'expédition d'Alger, des notes si amicales, elles sont aujourd'hui malveillantes. Soyez sûrs que si le cabinet de Saint-

Pétersbourg fait pressentir maintenant le cabinet de Berlin, ce n'est point pour le préparer à voir la France reprendre les frontières qu'elle a perdues en 1815. Les traités prêts à tomber en désuétude ont été remis en vigueur, comme ces forteresses qu'on laisse dégrader pendant la paix et qu'on relève à l'approche du péril. Vienne et Saint-Pétersbourg, autrefois divisés, se sont rapprochés dans la même pensée avec Berlin. Le lien continental de 1815 a été renoué; on nous observe, on nous examine, on nous surveille, ce sont les Cent-Jours, moins la guerre. La guerre! nous pouvions la désirer sous la Restauration, nous pouvions du moins l'accepter comme une chance favorable, comme une espérance; maintenant il faut la craindre, il faut l'éviter à tout prix; la nouvelle situation qu'on nous a faite l'exige. Nous ne blâmons pas la prudence qui accepte cette situation et qui s'y conforme, mais l'imprudence par qui cette situation a été créée. Loin de nous de souhaiter qu'on jette la France dans une lutte où elle entrerait avec des chances contraires ; mais qu'il nous soit permis de déplorer les torts, le crime de ceux qui, comme le *Journal des Débats*, ont ôté à la fortune du pays toutes ses chances et lui ont rendu des périls qui n'existaient plus depuis long-temps.

Ce n'est point le réquisitoire de l'esprit de parti que nous écrivons ici, c'est le jugement de l'histoire. Nous n'exagérons rien, nous ne cherchons point à rembrunir une situation déjà trop sombre, nous n'enflons point l'accusation pour aggraver le crime. Nous disons toute la vérité, rien que la vérité, avec cette douleur nationale que tout Français doit ressentir lorsqu'il expose les malheurs de son pays. Et qu'avons-nous besoin d'exposer cette situation mauvaise et fatale où l'on a mis la France ? Elle est si évidente, si impérieuse qu'elle monte d'elle-même à la tribune, et que, touchant de la main les ministres passés, présens et futurs de l'ordre de choses actuel, elle ouvre violemment les lèvres qui voulaient rester muettes et les force, par son ascendant, à lui rendre témoignage.

Certes ce fut un mémorable enseignement, lorsqu'au commencement de la session de cette année 1838, on vit les deux hommes qui représentent l'avant-garde et la réserve du pouvoir de juillet, la nuance politique qui veut le conserver par la témérité et la nuance qui veut le conserver par la couardise, venir faire à la face du pays une confession éclatante et publique de la situation dans laquelle la France a été jetée. Que disait-il en effet cet orateur impétueux qui reflète, dans ses idées, un rayon du génie aventureux de la révolution dont il a écrit l'histoire ; que disait-il dans cette fameuse discussion dont l'importance survivra à la circonstance qui l'avait fait naître ? Il disait qu'il fallait intervenir en Espagne. Et pourquoi disait-il qu'il fallait intervenir ? Parce que, sans l'intervention, le triomphe de don Carlos était inévitable et que le gouvernement qui préside aux destinées de la France avait un intérêt immense, un intérêt vital à avoir les bras libres sur le Rhin ; parce qu'il y avait de l'autre côté de ce fleuve, des inimitiés tenaces, inflexibles qui deviendraient exigentes, impérieuses, despotiques, si un gouvernement analogue aux autres gouvernemens européens s'établissait en Espagne. Il ajoutait que c'était une nécessité, pour tout pouvoir établi en France, de trouver des sympathies assurées de l'autre côté des Pyrénées, et il citait les magnifiques raisons qui décidèrent Louis XIV, et celles qui plus tard déterminèrent Napoléon à tenter les derniers efforts pour obtenir le même résultat; mais il affirmait qu'aujourd'hui cette nécessité était plus impérieuse encore, et, revenant toujours à sa première pensée, il demandait qu'on s'assurât sur la frontière du Midi, il le demandait au nom des malveillances du Nord.

Que répondait cet autre orateur dont le nom représente le système opposé? Il ne contestait point la justesse des propositions avancées par son fougueux adversaire; il ne niait point qu'il y eût un avantage, un grand avantage à s'assurer des sympathies politiques fondées sur une analogie gouvernementale du côté du Midi; il avouait que cette analogie, menacée d'un péril imminent, pouvait d'un jour à l'autre disparaître par le triomphe de Charles V. Niait-il donc ces malveillances du Nord qui venaient d'être révélées d'une manière éclatante et publique par l'ancien président du conseil, par l'ancien ministre des affaires étrangères du Palais-Royal ? Bien loin de là, il représentait ces malveillances comme plus positives, plus directes, plus mûres, plus proches d'une explosion. Il disait: « Ne vous jetez » point sur les bras des embarras au Midi, car au » Nord on n'attend que ces embarras pour vous » accabler. Ne vous avancez pas du côté des Py- » rénées, car on pourrait marcher contre vous du » côté du Rhin. » Ainsi il reconnaissait les périls du gouvernement de juillet dans la direction de l'Espagne, mais il exhortait ses amis à ne point y pourvoir, en invoquant d'autres et de plus grands périls qu'il faisait apparaître du côté du Nord; il retournait l'argument de son impétueux rival, qui avait dit : « Il faut empêcher la chute

» du gouvernement révolutionnaire en Espagne ,
» afin de pouvoir lutter ensuite contre les gouver-
» nemens du Nord qui nous menacent sur le
» Rhin ; » et il lui répondait : « Les gouverne-
» mens du Nord nous menacent de trop graves
» périls du côté du Rhin, pour que nous puis-
» sions aller soutenir la révolution de l'autre côté
» des Pyrénées. »

Mais de ces deux orateurs qui jetaient de si vives lumières sur notre position politique, lequel était dans le vrai de la situation? lequel fallait-il croire? lequel exprimait l'état réel des hommes et des choses? Ils avaient raison l'un et l'autre, et chacun d'eux, considérant la question sous un point de vue différent, arrivait à une conclusion également logique.

Quand M. Guizot proclamait la malveillance patente et avouée des gouvernemens du Nord, il démontrait que M. Thiers avait raison de signaler l'urgence de s'appuyer sur des Pyrénées bienveillantes et amies, et par conséquent d'effectuer l'intervention pour prévenir le triomphe de don Carlos; car cette malveillance européenne ne peut devenir que plus efficace, plus redoutable, plus active, le jour où les gouvernemens du Nord verront que le cabinet du Palais-Royal est pris en tête et en queue, qu'on nous passe ce terme, par un double péril.

Quand M. Thiers demandait cette intervention au Midi pour mettre la révolution de juillet en état de faire face à la malveillance du Nord, il démontrait que M. Guizot avait raison de craindre que cette malveillance ne saisît, pour éclater, l'occasion d'une intervention qui occuperait les forces dont le gouvernement du 9 août peut disposer; car cette malveillance européenne, déjà si hautaine pendant la paix, trouverait dans une guerre faite sur les Pyrénées des chances favorables pour faire une guerre sur le Rhin.

Nous commençons à voir toute la profondeur du danger dans lequel on a jeté la France. Les deux hommes politiques dont nous venons de parler ont, pour ainsi dire, penché, du haut de la tribune, un flambeau dans le gouffre entr'ouvert. Depuis que la révolution de 1830 a pris dans ses mains notre fortune, nous sommes tenus en échec par un double péril : deux fanaux sont maintenant allumés sur un double écueil, le premier sur les Pyrénées, le second sur le Rhin ; deux problèmes menaçans couvent aux extrémités de notre territoire, sans qu'il soit possible de les résoudre. Le Rhin empêche le pouvoir actuel d'avoir les bras libres sur les Pyrénées, les Pyrénées l'empêchent d'avoir les bras libres sur le Rhin. Condamné à l'immobilité au milieu des deux aimans de ces situations qui l'attirent, le système actuel a trop à redouter du côté du Nord pour intervenir au Midi ; et il aurait trop à craindre du Midi revenu au principe monarchique, pour résister aux exigences du Nord. Intervenir au-delà des Pyrénées, c'est tout compromettre sur le Rhin ; ne point intervenir, c'est rendre imminent le triomphe de Charles V, qui oblige les hommes d'état du système actuel à faire toute concession sur la frontière du Nord. L'intervention serait donc la plus grande des obligations politiques, si ce n'était pas une témérité plus grande encore; elle serait le premier des devoirs si elle n'était pas la dernière des fautes. Quoi de plus? on ne saurait décider si elle est plus nécessaire qu'impossible, ou plus impossible que nécessaire.

Vous voyez maintenant dans quel état d'impuissance une pareille situation enchaîne notre pays; vous comprenez comment la France a été condamnée, depuis huit ans, à ramasser les tronçons de sa fortune pour assurer les roues immobiles du char de la quadruple-alliance. Cette union avec l'Angleterre, ce subit amour du *statu quo*, cet asile demandé aux traités de 1815, cette crainte du mouvement, rien ne vous étonne plus; une situation mauvaise, aussi mauvaise qu'aux jours les plus critiques de notre histoire, pèse sur les résolutions des hommes d'état et arrête l'élan national. Le travail de trois règnes de rois, et quels rois que Henri IV, Richelieu et Louis XIV! est perdu; la France, dans les conditions où on l'a mise, se trouve de nouveau menacée sur le Rhin, sans être assurée sur les Pyrénées ; elle a vu disparaître cette unité d'action, cette concentration de force, source de sa puissance, de son ascendant et de sa gloire. Pour dernière fatalité, les hommes du système actuel ne peuvent rien tenter pour la tirer de cet état de crise ; elle a, pour ainsi parler, pris racine sous les Fourches Caudines de cette situation ; les ministres du pouvoir actuel se chargent de lui prouver qu'il est aussi dangereux d'en sortir que d'y demeurer. C'est ainsi que, tombée des hauteurs de la fortune que la Restauration lui avait faite, la France présente en ce moment à l'Europe le spectacle de ses humiliations et de ses malheurs, et que, privée de toutes ses chances, dépouillée de ses avantages, elle a vu son enjeu rejeté de la grande table où se jouaient les destinées européennes, réduite aujourd'hui à tout craindre après avoir eu, il y a huit ans, tout à espérer.

Voilà la situation qu'on a faite à la France.

Vous avez vu quel était son rôle, quelle était sa position, quelle était sa destinée avant 1830 : rôle admirable, position magnifique, destinée composée d'éventualités de puissance et de gloire; voilà ce que sont devenus aujourd'hui sa position, son rôle, sa destinée. Mais ce changement qui donc en accuserons-nous? De pareils reviremens ne s'accomplissent point par leur propre force; derrière les causes motrices il y a un moteur. Ce serait une prétention peu sérieuse, une idée folle que de vouloir démontrer que tout a eu lieu par une fatalité supérieure aux calculs humains et indépendante des fautes des hommes. Si l'action humaine, ce grand levier de l'histoire, n'était point intervenue dans les événemens, la Restauration eût été inébranlable, car elle s'appuyait sur tous les intérêts fondamentaux du pays, car elle assurait le développement de la prospérité de la France au dedans et elle était la condition de sa puissance extérieure. Les choses étaient pour elle, ce sont donc les hommes qui l'ont renversée. Il n'y a pas plus de crime sans coupable que de coupable sans crime. Où donc trouverons-nous ici le coupable? Quelle tête courber sous la pesante responsabilité de l'anéantissement de tous nos espoirs, de la destruction de toutes nos chances, du renversement de toutes les conditions de notre influence, de la disparition de toutes les promesses d'un avenir qui avait presque la réalité substantielle d'un avantage acquis et présent ?

Sera-ce le gouvernement de juillet? Mais il échappe d'abord à notre examen par l'inviolabilité qui lui est attribuée, sorte de forteresse légale où nul ne peut l'atteindre. Et puis la situation où il se trouve, il ne l'a point faite, mais acceptée; les embarras et les difficultés qui l'environnent, il les a subis; dès le premier jour de sa naissance, ces embarras et ces difficultés l'assiégeaient; les divers ministères qu'il a appelés aux affaires, ont pu rendre pire une situation déjà mauvaise, mais on ne saurait les accuser sans injustice d'être les auteurs de cette situation dont le vice préexistant était antérieur à leurs fautes. On voit ici que pour résoudre la question par nous posée, nous mettons de côté tout esprit de parti, toute rancune d'opposition, toute partialité politique, décidés à empreindre notre jugement de la gravité de l'histoire.

Encore une fois, qui donc sera responsable de la situation funeste où, de l'aveu des deux hommes politiques les plus notables de l'ordre de choses actuel, la France est tombée? Sera-ce cette opposition révolutionnaire qui, pendant la Restauration, fit une guerre si violente et si acharnée aux principes de la monarchie? Sans doute une partie de la responsabilité de la situation de notre pays pèse sur cette opposition. L'histoire, dans sa sévère justice, ne peut ni ne doit amnistier les égaremens de personne. Elle fut bien imprudente et bien coupable cette école qui, en accréditant des illusions fatales et des espérances insensées, combattit le bien possible des réalités vivantes de la Restauration, avec la perfection chimérique d'un programme dont la lettre morte était condamnée à ne jamais se réaliser ; qui se fit une arme des fautes et des imperfections inséparables de tous les gouvernemens de main d'homme, pour ruiner un établissement politique dont on pouvait tirer de si grands avantages pour le pays. Mais enfin cette école révolutionnaire peut-elle dire du moins qu'elle avait foi dans le roman politique qu'elle développait devant la France? Elle peut expliquer, sinon excuser sa conduite, en alléguant sa propre confiance dans les espoirs qu'elle faisait naître et dans les illusions qu'elle accréditait. Elle peut invoquer sa religion, parlons plus juste, sa superstition pour ses principes qu'elle croyait féconds et qui se sont trouvés stériles. Elle peut dire qu'elle n'avait pas prévu cette situation, suite et résultat de la chute du régime au renversement duquel elle a travaillé pendant quinze ans, avec une verve de colère et une ténacité de haine que rien n'a pu ni adoucir ni lasser. Ce n'est point tout encore. La portion la plus jeune, et par conséquent la moins coupable de cette école ; ces générations aux mains promptes qui courent à l'action avant d'avoir mûri le conseil, peuvent rappeler la grandeur convulsive que la fièvre de 93 avait imprimée à la France, et représenter les souvenirs de cette époque comme la source de leurs illusions et de leurs erreurs.

Il y a donc quelqu'un de plus complètement, de plus odieusement coupable envers le pays que l'école révolutionnaire, et ici nous allons revenir au sujet de cette histoire dont nous n'avons semblé nous écarter que pour imprimer plus d'autorité et de puissance à notre conclusion. Il y a quelqu'un sur la tête de qui la responsabilité de la situation de la France pèse d'une manière plus lourde que sur celle des hommes qui ont cru, pendant la Restauration, à la force et à l'efficacité des doctrines de la révolution. C'est cette école intelligente, mais égoïste, qui a répandu des erreurs dont elle n'était pas dupe; qui, par ambition et par intérêt, a accrédité des illusions qu'elle ne partageait pas; école qui, sans avoir plus de superstitions que de croyances, spéculait sur les superstitions et sur les croyances des autres ; froids et durs croupiers du grand pharaon de la politique, qui faisaient briller, aux yeux des joueurs, des chances qu'ils savaient vaines et illusoires, afin de les décider à jeter sur le tapis vert, les uns contre les autres, l'or que la banque devait, à la fin de la partie, ramasser du bout de son impassible râteau.

Or cette école, le *Journal des Débats* en est le centre, le type le plus exact, le symbole le plus fidèle. Des illusions sur la nature des effets d'une révolution, il était trop intelligent pour en avoir, il n'en avait pas. Il prévoyait, il savait, il publiait qu'une révolution replacerait la France dans la situation où elle était aux Cent-jours, et cependant il agissait de manière à rendre cette révolution inévitable. Il faisait sciemment le mal, car il mesurait les conséquences en mettant en mouvement les causes. Moins coupable encore envers la maison de Bourbon dont il désertait les intérêts, après avoir passé par toutes les formules du serment, comme par des avenues, pour aboutir à un parjure monumental; moins coupable encore envers la maison de Bourbon qu'envers le pays, il remettait au hasard toutes les chances de la fortune de la France, et livrait aux quatre vents du ciel les destinées de notre fortune et celles de notre gloire.

Le moment est venu de le lui demander: Qu'a-t-il à dire pour justifier cette conduite, pour expliquer cette marche, pour motiver cette politique? Si l'intelligence donne des droits elle impose aussi des devoirs; ces devoirs comment le *Journal des Débats* les a-t-il remplis? Les avantages que le gouvernement monarchique avait apportés au pays, il les connaissait, il les avait développés lui-même avec une force et une énergie incomparables. Les conséquences fatales attachées aux révolutions, il ne les ignorait pas, il les avait bien souvent dénoncées, et au commencement même de l'année 1830 il écrivait cette phrase : « Une révolution replacerait la France » vis-à-vis l'Europe dans la situation où elle se

» trouva pendant les Cent-Jours. » Par quel motif, par quel prétexte le *Journal des Débats* pourra-t-il donc colorer cette inexplicable tactique, à l'aide de laquelle il a poussé, pendant les dernières années de la Restauration, à l'avènement d'une révolution et à la ruine de la monarchie?

Prétendra-t-il qu'il était l'interprète et l'organe des ambitions légitimes d'une portion de la classe bourgeoise impatiente d'entrer en possession du pouvoir, et, pour rendre sa vanité, son égoïsme plus excusables, les cachera-t-il derrière une collection d'autres égoïsmes et d'autres vanités?

Nous l'avons dit, nous concevons la haute et légitime ambition de l'intelligence. Cette grande conductrice des affaires humaines aspire au pouvoir comme à son pôle, et du fond de sa conscience s'élève une puissante et énergique protestation contre les prétentions de l'inexpérience et les usurpations de la médiocrité. Mais il en est de la noblesse de l'esprit comme de toute noblesse, elle doit faire ses preuves. Or la première preuve à faire, c'est de montrer qu'elle comprend les nécessités des situations, qu'elle sait attendre l'à-propos des circonstances, qu'elle aspire à conduire les destinées publiques parce qu'elle sait qu'elle doit bien les conduire; qu'elle ambitionne le pouvoir, moins parce que le pouvoir lui est nécessaire que parce qu'elle sent qu'elle est elle-même nécessaire au pouvoir. Quant à l'ambition égoïste et parricide qui porterait une classe de la société à s'emparer du pouvoir à tout prix, celle-là nous ne saurions pas plus l'excuser que la comprendre. Cette ambition est coupable et doit être condamnée chez les classes comme chez les individus, car il y a un intérêt supérieur non seulement aux intérêts individuels, mais aux intérêts collectifs, c'est l'intérêt général; il y a une utilité qui doit passer avant toutes les utilités, c'est l'utilité publique; il y a une cause à laquelle toute cause doit être sacrifiée, excepté celle de la morale et de la justice, c'est la cause du pays. Agir d'une autre manière, c'est un tort, c'est un crime social ; c'est le tort, c'est le crime du *Journal des Débats*.

Ce journal a fait ce que personne au monde n'a le droit de faire, ni démocratie, ni bourgeoisie, ni noblesse : il a retardé l'heure de la fortune de la France, pour avancer l'heure de la fortune de la nuance dont il était l'expression. Il a fait tomber notre pays de sa situation d'offensive et de supériorité, qui se compose d'une alliance de famille sur les Pyrénées, et d'une alliance d'intérêt du côté du Nord ; il l'a fait tomber dans la situation de défensive et d'infériorité, la plus triste où il puisse se trouver, en lui ôtant toute sécurité du côté des Pyrénées, et en ne lui laissant, du côté du Nord, que des cabinets malveillans pour la révolution qui s'est opérée dans son sein. D'une France pleine de force et de vie, désireuse d'action parce qu'elle se sentait en position d'agir, il a fait une France condamnée à l'immobilité, et réduite à tourner, comme un obscur satellite, autour de ce soleil à son déclin, qu'on appelle la fortune de l'Augleterre. Toutes les chances accumulées pendant quinze ans de repos, perdues; toutes les ressources financières agglomérées pendant quinze ans de paix, dissipées; toutes les conditions qui pouvaient nous rendre une guerre favorable, changées : tel est le prix que le *Journal des Débats* n'a pas craint de mettre au triomphe de sa vanité parricide et de son égoïsme antinational. Grâce à lui et à la direction qu'il a imprimée aux esprits, les quinze années de la Restauration qui devaient être si fécondes, sont demeurées stériles; cette moisson de gloire et d'influence extérieure que nous allions recueillir, a séché sur pied, et la France est plus éloignée qu'elle ne l'était il y a vingt-trois ans, de recouvrer la frontière qui lui manque, et de reprendre le rang qui lui appartient en Europe quand elle est dans ses conditions normales et régulières. Ainsi, d'autant plus coupable qu'il n'était point aveugle, le *Journal des Débats* a troublé de son plein gré les destinées de son pays, et, dans un jour de rancune, il s'est servi, pour lapider la Restauration, des débris de la fortune de la France. Il a fait une hécatombe des intérêts sociaux et nationaux à son égoïsme impie. Il savait où il allait, et cependant il a continué à marcher; il n'ignorait pas que le contre-coup de ses attaques contre la royauté, ébranlait la société jusque dans ses fondemens, et cependant il n'a pas cessé d'attaquer la royauté; il connaissait mieux que personne la situation de grandeur et l'avenir de gloire qui s'ouvrait devant notre nation; il avait prédit lui-même qu'une révolution rejetterait la France dans la situation désastreuse des Cent-Jours, et il a travaillé sans relâche à amener une révolution.

Qu'il porte donc la responsabilité de son œuvre, qu'il subisse la flétrissure qui lui appartient. Il ne sera maintenant reçu, par personne, à dire que la Restauration a mérité son sort, car il ne s'agit plus ici de la Restauration, il s'agit du pays. Si ce culte que le *Journal des Débats* prétendait avoir pour la maison de Bourbon, était un culte menteur; si ce dévoûment, dont l'expression semblait renaître d'elle-même, n'était qu'une comédie, il aurait dû, à défaut de sentimens voués aux personnes, servir la maison de Bourbon par un sentiment de nationalité, car la maison de Bourbon plaçait la France dans les conditions d'action et d'influence extérieure les plus favorables où elle se fût trouvée depuis Louis XIV. Il aurait dû tout faire pour aplanir les obstacles qu'il a au contraire amoncelés devant le gouvernement royal ; tout tenter pour dissiper les malentendus qu'il a tant contribué à accréditer ; au moins aurait-il dû permettre, avant de provoquer ces crises intérieures qui ont englouti les chances extérieures de notre patrie, au moins aurait-il dû permettre à la Restauration d'achever son ouvrage en rendant à la France cette frontière que l'Empire entraîna avec lui dans l'immense naufrage de sa fortune, lorsque l'Europe, qui avait débordé sur notre territoire, emporta, comme la mer qui se retire, une partie du sol qu'elle avait inondé. Mais ce fut en vain que les destinées de la France apparurent, mornes et suppliantes, devant cette vanité homicide ; il ne leur fut pas plus pardonné qu'à la royale maison de Bourbon. Ceux qui avaient si souvent promis de combattre pour le trône le jour où le trône serait en péril, désertèrent les dangers qu'ils avaient réclamés d'avance comme leur patrimoine. Quand vint le moment de payer la dette contractée par ceux qui, en poussant l'opposition jusqu'à son dernier terme, s'étaient toujours engagés d'honneur à l'empêcher de dégénérer en révolution, les parleurs d'héroïsme, songeant à leur fortune et oubliant celle de la France, firent banqueroute de leur courage comme de leur fidélité.

C'est pourquoi nous venons aujourd'hui les accuser au tribunal de l'équitable histoire, et du mal qu'ils ont accompli, et du bien qu'ils ont empêché ; de la situation qu'ils ont interrompue et détruite, et de celle qu'ils ont faite à la France ; de l'avenir rayonnant d'espérance qu'ils ont fané dans sa fleur, et de l'avenir assombri par des périls de toute espèce qu'ils nous ont préparé. Nous en accusons leur orgueil sans bornes et leur égoïsme sans limites; et, s'ils cherchent une excuse, la conscience publique ne leur laissera que le choix de justifier leur couardise par leur félonie, ou leur félonie par leur couardise.

CONCLUSION.

CONCLUSION.

Nous avons accompli un devoir qui nous a souvent paru rigoureux, mais c'était à nos yeux un devoir. Chacun doit être jugé par ses pairs ; il appartient donc à la presse de faire justice des écarts de la presse, et c'était devant l'intelligence publique qu'il fallait traduire les torts d'un journal qui s'est servi, avec un si déplorable succès, des armes de l'intelligence.

Arrivé à la conclusion de ce livre, nous concevons le besoin de répéter ce que nous avons dit au début : quelque sévères qu'aient pu paraître nos jugemens, nous avons cherché, avant tout, à les rendre justes ; malgré l'indignation que nous avons fait éclater contre les torts des hommes, nous ne ressentons contre ceux-ci ni haine, ni colère. Ce peu de chose, qu'on appelle la personnalité humaine, a une valeur si rétrécie et une durée si courte, que nous ne saurions comment nous y prendre pour haïr ce que nous apercevons à peine, et ce qui ne nous apparaît que comme un point dans l'espace et comme une ombre dans le temps. Mais les principes et les opinions survivent à leurs auteurs, leurs conséquences sont durables ; ce sont donc les faux principes et les opinions funestes que nous avons voulu attaquer.

Du reste, autant qu'il a été en nous, nous n'avons pas plus caché les lumières du *Journal des Débats* que ses ombres, ses mérites que ses torts; nous avons dit ses premiers services comme ses dernières félonies; nous l'avons montré levant le drapeau en faveur des doctrines sociales, en 1800, comme nous l'avons fait voir, dans la seconde moitié de la Restauration, arborant un autre drapeau.

Ce n'est point notre faute si nous avons toujours trouvé l'égoïsme au fond de toutes les périodes de son existence, comme la goutte d'absynthe qu'on rencontre au fond même de la coupe de miel.

Quand il a été question de la littérature et de la critique, nous avons oublié les torts politiques du journal pour rendre justice au mérite de ses rédacteurs. Nous avons compté les dynasties d'écrivains de talent se succédant depuis Geoffroy, Hoffmann et M. de Féletz, jusqu'à nos jours; et le sceptre du feuilleton toujours porté, sinon avec autant de jugement et de goût, au moins avec autant d'éclat.

C'est surtout par les hommes que le *Journal des Débats* s'est soutenu. Il a compris, de bonne heure, une vérité bien simple quoiqu'encore assez peu généralement adoptée, c'est qu'un journal s'adressant aux intelligences, ne peut vivre que par l'intelligence; aussi le *Journal des Débats* a-t-il toujours fait les plus grands efforts pour attirer à lui les plumes éloquentes ou spirituelles et fines. Le personnel de sa rédaction, dans les diverses phases de son histoire, a été le plus souvent un catalogue de célébrités. Il a compté parmi ses coopérateurs, outre Geoffroy, Hoffmann, M. de Féletz, Dussault et Malte-Brun, qui datent de sa fondation; M. Fiévée, M. Etienne; puis, sous la Restauration, M. de Châteaubriand, M. Villemain, M. Duvicquet, M. Becquet, et, malgré tant de pertes, il a encore M. Janin, M. Saint-Marc Girardin, M. de Sacy, et d'autres encore.

Nous faisons cette remarque parce qu'elle répond à une question que nous avons souvent entendu reproduire, et qui peut se réduire à ces termes : « Comment le *Journal des Débats* con- » serve-t-il encore, sinon de l'autorité, au moins » de l'influence, après tant de variations et de » défections politiques ? » Il conserve encore de l'influence par ce culte de l'intelligence qui lui est propre et qui lui fait chercher le talent partout où il est, afin de l'appeler à lui. Il y a presque toujours, dans ses colonnes, d'éloquens avocats qui rendent les bonnes causes excellentes et déguisent jusqu'à un certain point le vice des mauvaises. Chose remarquable ! le *Journal des Débats,* qui n'a point de fidélités politiques, a des amitiés littéraires ; il a oublié la maison de Bourbon qui l'a protégé de son sceptre, et il n'oublie guère ceux qui l'ont servi de leur plume.

Certes nous n'entendons pas dire par là qu'il y ait, dans le *Journal des Débats*, une généreuse abnégation qui aille jusqu'à la négligence de ses propres intérêts, quand il s'agit de faire prévaloir ceux des écrivains à la collaboration desquels il doit son succès. Si nous professions une pareille opinion, nous aurions oublié l'histoire que nous venons d'écrire ; nous savons que la feuille en question s'est toujours souvenu de ses propres affaires avec une sûreté de mémoire qui lui fait honneur, et que si elle a appris beaucoup de nouveaux dévoûmens, il en est un qu'elle n'a jamais oublié, c'est celui qu'elle se porte à elle-même. Si quelqu'un en doutait encore, nous pourrions citer à ce sujet une anecdote qui trouverait ici sa place naturelle.

Sous un des cabinets de la Restauration, un fonctionnaire supérieur chargé, au ministère de l'intérieur, de la partie des journaux, pensa que les 6,000 francs attribués par mois au *Journal des Débats*, ne devaient pas être absorbés par la propriété de cette feuille, et que les rédacteurs devaient avoir, sur cette somme, des pensions bien méritées, tant par leur incontestable talent que par les services qu'ils avaient rendus à la société en défendant les principes sur lesquels elle repose en philosophie, en morale et en religion. Ces rédacteurs, c'étaient Hoffmann, M. de Féletz et Duvicquet.

Le fonctionnaire supérieur qui avait eu cette idée, la communiqua au ministre, qui, la trouvant de toute justice, demanda qu'un rapport lui fût présenté sur cette affaire. Le directeur de la partie de la presse périodique présenta ce rapport, et proposa de distraire 1500 francs par mois de la dotation mensuelle de 6,000 fr.; sur l'état qu'il fit, il porta le rédacteur en chef du *Journal des Débats* pour une pension annuelle de 6,000 francs. Quand l'ordonnance fut signée, il écrivit à celui qu'elle concernait pour le prier de passer dans son cabinet afin d'y recevoir une communication qui l'intéressait.

Cette communication à peine entendue, le directeur du *Journal des Débats* déclara, avec une imposante gravité, qu'il ne pouvait accepter l'offre qu'on lui faisait pour lui et ses collaborateurs, qu'il refusait donc nettement la proposition. Le fonctionnaire crut avoir Décius, ou pour le moins Brutus, dans son cabinet. Il combattit des scrupules qu'il qualifiait d'exagérés et un désintéressement qu'il trouvait par trop spartiate. Il employa les plus beaux argumens, il épuisa son éloquence ; son auditeur restait impassible et froid. Enfin, vaincu par tant de générosité, le directeur comprit que tous ses efforts seraient inutiles et rompit la conférence. Dès qu'il vit le ministre, il lui rendit compte de sa déconvenue et de son admiration pour la direction du *Journal des Débats* qui ne voulait pas qu'un centime fût distrait, même en sa faveur, des

6,000 francs attribués au journal. Le ministre sourit un peu, et après avoir beaucoup complimenté le fonctionnaire de sa bienheureuse innocence, il lui dit à l'oreille : que probablement la direction du *Journal des Débats* avait d'excellentes raisons pour désirer qu'on n'écorniflât en rien les 6,000 francs mensuels; qu'il faudrait donc prendre sur d'autres fonds les pensions qu'on voulait faire aux hommes de lettres, continuer à envoyer les 6,000 francs à la même adresse, et se montrer désormais plus économe d'admiration pour un désintéressement qui trouvait sans doute, en lui et autour de lui, des récompenses dont il ne convenait pas d'approfondir le secret.

Cette anecdote explique dans quel sens nous avons pu parler de la chaleur des amitiés littéraires du *Journal des Débats*, et de son penchant à prendre en main les intérêts de ses collaborateurs ; cette chaleur et ce penchant pourraient bien n'être au fond qu'une habileté de plus. Le *Journal des Débats*, en aplanissant les voies qui mènent au pouvoir, devant ceux qui lui prêtent le secours de leur plume, se prépare à lui-même d'utiles soutiens, de puissans auxiliaires.

D'abord, en établissant en principe que ses colonnes sont une espèce de séminaire politique par lequel il faut passer pour arriver aux affaires, il attire à lui les capacités. Comme on a vu, par de fréquens exemples, que la feuille en question était une porte ouverte sur le pouvoir, les intelligences qui se sentent de la vocation pour les emplois publics, viennent se placer au *Journal des Débats* comme sur le seuil de leur fortune ; en outre, il se forme comme une espèce de camaraderie puissante qui occupe tous les échelons de la hiérarchie, qui tient toutes les portes entr'ouvertes et introduit un de ses membres dans chacune des avenues de la puissance.

Le *Journal des Débats* a bien souvent élevé la voix, pendant les dernières années de la monarchie, contre ce qu'il appelait la congrégation. C'était là son thème favori, son sujet de prédilection, le texte de ses colères les plus éloquentes. Il y a une autre congrégation bien nombreuse, bien forte et bien puissante, dont le *Journal des Débats* n'a jamais parlé, peut-être parce qu'il la connaissait trop, c'est celle qui se compose du personnel ancien et nouveau de cette feuille; congrégation habile, active, empressée, toujours prête à pousser en avant ses membres, ayant partout des issues, trouvant partout des recrues ou des affiliés; mettant, par tous les côtés à la fois, la main dans les affaires: corps aux cent têtes qui peuvent quelquefois être animées par la même pensée; aux cent bouches qui parlent le même langage; aux cent pieds qui peuvent, dans une occasion donnée, se diriger vers le même but; aux cent bras qui se roidissent contre le même obstacle, ou bien portent le même homme aux honneurs et aux emplois.

Ce serait un curieux calcul à faire que de dresser une espèce de statistique de ceux pour qui la feuille dont nous parlons a été le vestibule du pouvoir; on demeurerait étonné et confondu du chiffre auquel on arriverait, et de l'importance des positions occupées par des hommes au *Journal des Débats*, ou qui ont commencé dans ses colonnes leur fortune politique.

A ne prendre les choses qu'à la date où nous sommes, et sans fouiller dans le passé, le *Journal des Débats* compte un de ses fondateurs à la chambre des Pairs : M. Bertin-de-Vaux ; quatre de ses rédacteurs à la chambre des Députés : MM. Saint-Marc Girardin, Chasles, Bertin-de-Vaux fils et Salvandy; un de ses rédacteurs dans une des chaires du Collége de France, le même M. Saint-Marc Girardin ; un autre à la cour et dans l'intimité militaire du château, en qualité d'aide-de-camp de M. le duc d'Orléans, ce même M. Bertin-de-Vaux; un autre dans le conseil des ministres, ce même M. Salvandy. Il occupe encore, par un de ses rédacteurs, le poste de premier secrétaire à l'ambassade de Londres, ambassade dévolue à M. de Sébastiani, qu'une longue communauté de vues et d'intérêts avait uni d'une étroite intimité avec le *Journal des Débats.* Il a placé d'autres rédacteurs, comme M. Lesourd, par exemple, dans les préfectures. Il pénètre dans la vie même de famille des nouvelles Tuileries, par M. Cuvillier-Fleury. Quant au conseil d'Etat nous n'en parlons point, il suffit d'être rédacteur du *Journal des Débats* pour y avoir entrée. Le titre de conseiller d'Etat, ou tout au moins de maître des requêtes, est le préambule banal du nom de tout écrivain qui a trempé sa plume dans l'encre pour la feuille dont il s'agit.

On comprend l'importance et les résultats de cette organisation. Il ne peut pas se faire le plus petit mouvement dans les affaires sans que le journal en soit averti, car il a la main sur toutes les touches de la politique. Il est partout représenté : à la chambre des Pairs, dans la chambre des Députés, au ministère, au château, dans les chaires d'enseignement, dans les ambassades, dans les préfectures ; et c'est sans doute à lui que l'on songeait quand on a dit que la presse était un quatrième pouvoir dans l'Etat. Peut-être croirait-on qu'en arrangeant à sa manière le mot de Tertullien, le *Journal des Débats* pourrait dire, après avoir énuméré tous les lieux où on le trouve : « Je suis partout, excepté dans » l'armée. » En effet, les colonnes d'un journal ne semblent point devoir être la route naturelle des champs de bataille, et les vertus militaires n'ont jamais passé pour former le côté brillant du caractère d'une feuille qui a toujours préféré le pacifique honneur des couronnes académiques aux lauriers plus chanceux de la guerre et à la gloire plus périlleuse des armes ; cependant on se tromperait en accueillant une pareille opinion. Si le *Journal des Débats* ne peut point créer de généraux comme il crée des administrateurs et des politiques, il tient trop à voir son personnel au grand complet pour n'avoir point choisi son général ; si nous ne nous trompons, il a quelquefois ouvert, à la plume d'un collaborateur en épaulettes, ses colonnes peu habituées à une collaboration belliqueuse, et un député officier-général, connu par ses fougues de tribune, est devenu l'homme de guerre du *Journal des Débats*.

Nous avons cru que ces détails et ces explications serviraient de complémens naturels à cette histoire. Dans une autre époque et dans d'autres circonstances, Machiavel écrivit le livre du Prince, pour expliquer la politique suivie, de son temps, par les cours de son pays. Aujourd'hui que les journaux sont rois, on peut écrire le livre du journal, afin d'expliquer les secrets ressorts à l'aide desquels la plus puissante personnalité de la presse a gouverné et gouverne encore ses affaires. Cette tactique est maintenant à nu et vous pouvez en saisir tous les fils. Les *Débats* se servent de leur influence comme journal, dans l'intérêt de la fortune politique des personnes qui se lient à leurs destinées ; ils se servent ensuite de la fortune politique de ces personnes dans l'intérêt du journal; c'est une sorte d'assurance mutuelle, une espèce de tontine administrative et gouvernementale où chacun met quelque chose, mais d'où chacun aussi retire un profit; ou bien, ainsi que nous l'avons dit en commençant, c'est une véritable congrégation formée dans un intérêt éminemment temporel et terrestre, et où il s'agit de gagner tout autre chose que le ciel.

On ne peut assez dire les avantages que les *Débats* retirent de cette position; ce journal ressemble à une maison qui a pignon sur deux rues; l'influence qu'il a dans les affaires lui donne de l'importance dans la presse, et l'importance qu'il a dans la presse augmente son influence dans les affaires. Toute sa fortune politique et matérielle tourne sur ce double pivot. Sa tactique consiste à s'imposer à la fois au pouvoir par l'ascendant qu'il exerce sur le public, et au public par l'ascendant qu'il exerce sur le pouvoir. A celui-ci il se présente comme un puissant instrument de publicité, comme la plus redoutable machine de guerre de la presse périodique; à celui-là il se montre comme initié dans les mystères du pouvoir, comme possédant le secret des affaires d'Etat, comme tenant le fil des plus graves négociations. Lorsque nous cherchons sous quels traits exprimer cette existence si forte et si extraordinaire d'un journal qui est devenu une puissance et qui se regarde comme une institution dans l'Etat, qui ne laisse guère passer un ministère sans y mettre son homme, qui a des intelligences dans toutes les parties du gouvernement, des représentans dans toutes les cellules de l'administration ; qui, du centre d'action où il est placé, étend son influence à tous les rayons du cercle, et dont les yeux vigilans surveillent tous les points pour tirer avantage des symptômes qui s'y manifestent, et des événemens qui s'y préparent, nous nous faisons l'idée d'une de ces formidables araignées qui, suspendues au milieu de leur toile, embrassent de leurs regards vigilans tout l'espace qui les entoure et emprisonnent, dans leurs invisibles lacs, les objets qui semblent les plus éloignés du lieu où elles apparaissent dans une menaçante immobilité. Le *Journal des Débats* est, à proprement parler, l'araignée de la politique ; seulement ses toiles, sans être moins invisibles, sont ourdies d'une manière plus forte et plus serrée ; il y prend les dynasties et les peuples, et suce, jusqu'à la moelle, les monarchies et les révolutions.

Peut-être, après avoir lu cet exposé explicatif de la constitution intérieure et de l'organisation interne du *Journal des Débats*, se demandera-t-on s'il est possible qu'une feuille placée dans de pareilles conditions de force et de crédit, vienne à décheoir de sa fortune et à entrer en décadence ? Si cette position si forte était à l'épreuve de tout affaiblissement; si cette existence était établie d'une manière si solide que rien ne pût la compromettre; si cette tactique et ce système pourvoyaient à tout, nous aurions eu tort d'annoncer que la conduite coupable du *Journal des Débats* envers le pays et la royauté, lui serait funeste à lui-même; en articulant cette prévision politique, nous aurions cédé à un de ces mouvemens d'indignation contre lesquels il faut soigneusement se prémunir dans l'histoire car ils altèrent la clairvoyance du jugement et ils font fléchir la rectitude des appréciations.

Nous ne croyons point avoir encouru ce reproche ; malgré tous les élémens de puissance que nous reconnaissons dans la position du *Journal des Débats*, nous apercevons, dans cette position, un vice intime et radical qui le menace et le mettra en péril s'il n'y remédie en retrempant sa puissance dans la source où il l'a puisée. Quelque développement qu'ait pris son influence, cette influence ne peut avoir de durée que par la cause à laquelle elle a dû son origine. La véritable force du *Journal des Débats* réside dans l'action qu'il exerce sur le pays ; or, cette action remonte à cette guerre énergique, opiniâtre, qu'il fit, dans les premiers temps de sa fondation, aux principes anti-sociaux et anti-religieux ; le *Journal des Débats* vit beaucoup sur son ancienne renommée. Mais à mesure qu'il s'éloigne de la ligne qui a fait sa force, qu'il rompt avec les principes qui lui ont prêté leur autorité, il mine les bases mêmes de sa puissance, car son influence ne repose plus que sur une habitude, et, malgré la force des habitudes prises, elles finissent par disparaître quand le motif qui les a fait naître a disparu. A force de voir le présent, on se lasse de se souvenir du passé. L'égoïsme a quelque chose en soi de haïssable, comme parle Pascal. Or, l'opinion publique qui a accueilli le *Journal des Débats* avec tant de faveur, parce qu'il défendait les intérêts de la société, doit s'éloigner insensiblement de lui à mesure qu'elle découvre que l'égoïsme est le fond de toutes ses actions.

Lorsqu'une fois ce détachement de l'opinion et ce mouvement de décadence seront des choses accomplies et des faits acquis à la politique, la fortune et le crédit du *Journal des Débats* ne chancelleront-ils pas rapidement sur leurs bases? Ne peut-on pas prévoir que son ascendant sur le pouvoir déclinera en même temps que son ascendant sur le public, puisque la seconde de ces deux influences est la conséquence de la première? Ne verra-t-on pas alors ce mouvement de décadence suivre la même loi que le mouvement de progression dont nous avons parlé? A mesure que le crédit du *Journal des Débats* sur le public, diminuera, son crédit gouvernemental n'ira-t-il pas en déclinant? Par contre, la perte de son influence dans les affaires ne lui ôtera-t-elle pas encore de son autorité sur l'opinion publique; de sorte que ces deux décadences simultanées, exerçant l'une sur l'autre une action réciproque, marcheront ensemble vers le terme fatal en s'y précipitant? Le mouvement de cette double décadence ne sera-t-il pas d'autant plus rapide que le talent s'éloignera peu à peu d'une feuille qui ne l'attirera plus en lui présentant les mêmes chances et les mêmes avantages? En outre, le *Journal des Débats*, à mesure que son crédit et sa puissance fléchiront, n'apprendra-t-il pas à son tour le peu de fond des amitiés politiques, et n'éprouvera-t-il pas que les journaux, dans leurs jours de décadence, ne sont pas plus à l'abri que les trônes de ces trahisons et de ces félonies qui perdent la mémoire des services dès le moment qu'on cesse de pouvoir les servir? Les liens de cette confédération, que nous avons montrée si puissante, ne se trouveront-ils point par-là même rompus, et la grande congrégation d'égoïsmes, fondée par le *Journal des Débats*, se dissolvant ainsi, le principal levier de sa puissance ne sera-t-il pas brisé?

On voit qu'à l'exemple de Montesquieu, quoique dans un sujet moins solennel, après avoir écrit l'histoire de la Grandeur nous écrivons celle de la Décadence. Les prévisions que nous venons d'exposer nous semblent raisonnables et logiques, et si l'on veut examiner les autres élémens de la situation, ils confirmeront cette appréciation politique.

Le *Journal des Débats* est d'abord exposé à un péril qu'il n'a point prévu peut-être : l'ordre de choses actuel a subi son ascendant sans l'accepter ; il est rangé au nombre de ces personnalités puissantes et dangereuses envers lesquelles l'ingratitude est regardée comme une vertu politique. On craint qu'il ne puisse, contre le système existant, ce qu'il a pu contre le système précédent; on accueillera donc avec empressement tout ce qui pourra diminuer son importance et atténuer son autorité. C'est un axiome de la politique ancienne, signalé par Tacite, que cette tendance des nouveaux gouvernemens à détruire les destructeurs des régimes antérieurs. Cet axiome n'est point tombé de nos jours en désuétude. M. Laffitte et M. de Lafayette ont pu s'en convaincre : il y a, à côté d'eux, encore une place vide, le *Journal des Débats* est peut-être destiné à la remplir.

Ajoutons à ces dispositions malveillantes, une situation toute différente de celle qui favorisa la fondation de la feuille en question au commencement de ce siècle, et dont les conditions diffèrent essentiellement des conditions qui assurèrent le développement et le succès du *Journal des Débats*.

Il parut, vous le savez, au milieu du silence de la presse périodique, et il se fit l'organe de la grande réaction sociale et religieuse. Toute voix était muette, et le sceau qui pesait sur toutes les bouches ne laissa qu'à la sienne le privilége de la parole. A vrai dire, pendant ses premières années, le *Journal des Débats* fut toute la presse.

Plus tard, quand une révolution fut opérée dans son sein et qu'il reçut le titre de *Journal de l'Empire*, la situation favorisa encore davantage son influence et son extension. Il avait conservé, jusqu'à un certain point, sa couleur religieuse, et par là, son action sur cette portion nombreuse et puissante de la population qui l'avait accueilli lors de sa naissance avec tant de faveur. Par le reste de sa rédaction à laquelle présidait M. Etienne, il satisfaisait, jusqu'à un certain point, l'école du dix-huitième siècle; enfin il continuait à parler seul, et il parlait au nom d'un gouvernement glorieux et fort: aussi à ces deux époques le nombre de ses souscripteurs atteint-il et dépasse-t-il le chiffre énorme de vingt-cinq mille.

Lorsque la Restauration s'accomplit, le *Journal des Débats* se dédouble pour ainsi dire. Le côté gauche du *Journal de l'Empire* va former le *Constitutionnel* sous les auspices de M. Etienne ; le côté droit reprend l'ancien titre de la feuille fondée en 1800, et lui imprime une direction éminemment monarchique et sociale. La situation n'est plus la même, la liberté de la presse existe, la concurrence succède au monopole, les souscripteurs se scindent comme la feuille. Le *Journal des Débats* entre dans une coalition révolutionnaire, et n'a plus que treize mille abonnés en 1825.

Il gouverne les esprits pendant plusieurs années, de manière à rendre une révolution inévitable. Cette révolution éclate, elle dure depuis huit ans, le *Journal des Débats* perd encore un tiers de ses abonnés et le chiffre de ses souscripteurs ne paraît pas devoir être au-dessus de neuf mille aujourd'hui.

Ou nous nous abusons fort, ou dans la progression décroissante que nous venons de montrer, il y a des symptômes manifestes de décadence. Cette décadence s'explique d'elle-même. Trois causes principales firent la fortune du *Journal des Débats*. D'abord, et avant tout, il prit en main les principes et les intérêts de la société française; ensuite il put jouir du privilége d'un monopole inouï; enfin il exploita ce monopole avec un talent remarquable. Que le talent lui soit encore demeuré en partie, nous le voulons bien; mais les deux autres mobiles du succès du *Journal des Débats* ont cessé d'exister. Il n'y a donc pas lieu d'être surpris que les causes qui ont présidé à sa fortune, s'affaiblissant ou même venant à disparaître, cette fortune elle-même entre en décadence. Le *Journal des Débats* n'est plus le seul à parler comme lors de sa fondation; il ne parle plus, comme quelques années plus tard, à la société qui date du dix-huitième siècle et à celle qui date de plus haut; il ne parle plus, comme dans les premières années de la Restauration, à la France chrétienne et sociale; il ne parle plus, comme dans la seconde moitié de la Restauration, à la France révolutionnaire, qui a profité de son concours et qui le repousse maintenant avec dédain. Il y a à côté de ses paroles des paroles plus nettes et plus décidées, soit pour la révolution, soit pour la monarchie, soit pour les partis, soit pour la société ; ainsi le journal égoïste s'isole peu à peu, le cercle se rétrécit insensiblement autour de cette personnalité amoureuse d'elle-même ; il est menacé par un pouvoir qui se défie de ses services et attend avec impatience le moment de s'affranchir d'une amitié qu'il regarde comme un joug, et d'un concours onéreux et exigeant qui lui pèse comme un fardeau. Il doit en outre redouter l'éventualité d'une nouvelle loi sur le timbre qui peut faire une révolution dans la presse périodique ; enfin il est en face d'une société qui a été témoin de ses variations, et qui ne peut plus croire à sa moralité politique ; un peu de temps encore, et si le *Journal des Débats* ne prévient point, par un retour spontané, les enseignemens de l'expérience, il apprendra de cette rude maîtresse que l'égoïsme, qui est un tort moral, finit à la longue par être un mauvais calcul, quelquefois un suicide, et le journal fondé en 1800, pour servir d'interprète au retour des idées sociales et monarchiques, périra par l'abandon des principes qui ont fait sa prospérité et sa gloire.

FIN.

TABLE DES MATIÈRES.

CHAPITRE XIV.

Sommaire : Ligne suivie par le *Journal des Débats* pendant les premières années de la Restauration. — Sa politique. — Le ministère Decazes. — Sa tendance funeste. — Les royalistes calomniés par le pouvoir. — Conspiration du bord de l'eau. — Le ministère comprime la presse monarchique. — Le *Journal des Débats* voit renaître les temps de la censure. — Sa politique émigre au *Conservateur*. — Le *Conservateur* fut le *Journal des Débats* de cet interrègne de la liberté de la presse. — MM. de Châteaubriand, de La Mennais, de Bonald. — L'assassinat de M. le duc de Berry renverse le ministère Decazes. — Le *Journal des Débats* flétrit ce ministère. — Sa douleur toute royaliste de la mort du duc de Berry. — Comment il parle de cette mort. — Comment il devait en parler onze ans plus tard. — Naissance de Henri Dieudonné. — Hymne d'allégresse *des Débats*. — Curieux passages relatifs à cette naissance. — Avènement du ministère de M. de Villèle. — Le talent royaliste du *Journal des Débats* atteint tout son développement, et sa renommée tout son éclat. — Une scission fatale éclate dans le conseil. 1

CHAPITRE XV.

Sommaire : L'histoire politique du *Journal des Débats* un moment interrompue. — Mouvement littéraire auquel le journal prit part. — Les classiques et les romantiques. — Nécessité de poser quelques principes pour expliquer l'avènement de la nouvelle école. — Période des faits et période des idées. — Nullité de la littérature sous l'Empire. — Où était la poésie à cette époque. — Changemens produits par la Restauration. — La nouvelle école se présente. — Elle veut réformer le théâtre. — Circonstances qui avaient jusque là retardé cette révolution dramatique. — Talma.— Son talent. — Sources auxquelles il avait puisé ce talent. — Sa mort est le signal de la révolution. — Argumens de la nouvelle école. — La tragédie du XVIIe siècle venant d'Athènes. —Projet d'un théâtre national.—La nouvelle école se divise en deux classes. — Les ardens et les prudens.— Passions des premiers, raisonnement des seconds. — Modifications proposées dans la langue poétique.—Retour à l'ancienne liberté de la langue française. — Position prise par le *Journal des Débats*. — Hoffman et M. Victor Hugo. — Objections à la théorie des romantiques. — Résumé et conclusion. — Les rebelles à Aristote sont en général fidèles au roi de France. — Les fidèles à Aristote sont dans le camp révolutionnaire. — Explication de cette contradiction apparente. 23

CHAPITRE XVI.

Sommaire : Le directeur du *Journal des Débats* déclare la guerre à M. de Villèle. — Réponse de ce ministre. — Quelques réflexions sur le ministère de M. de Villèle. — Il était dominé par la situation que lui avait léguée M. de Cazes. — Défiances des royalistes. — Inquiétude de la société, craignant tantôt pour le pouvoir, tantôt pour la liberté. — Ministères de pouvoir et ministères de liberté. — Embarras de

M. de Villèle. — Le vice de la situation s'aggrave avec le temps. — La monarchie compromise par la confiance qu'on a dans la force même de son principe. — Influence fatale qu'exerça le *Journal des Débats* dans cette circonstance. — Il cautionne la gauche et accuse la droite.— Statistique de la presse. — Récrudescence voltairienne. — Rôles du *Constitutionnel* et du *Journal des Débats*. — Le premier éveille toutes les idées de révolution. — Le second endort toutes les idées de monarchie. — Il vante la révolution dans la personne de MM. de Lafayette, d'Argenson et Chauvelin. — — La coalition de 1826 renverse M. de Villèle. — La prédiction du *Journal des Débats* vérifiée. 57

CHAPITRE XVII.

Sommaire : Anecdote sur le *Journal des Débats* dans les premiers jours du ministère de Martignac. — La royauté mise à rançon. — Paiement de l'arriéré. — La cassette du Roi. — Appui équivoque accordé au nouveau ministère. — Conditions imposées. — Engagemens du journal avec le centre gauche. — Il porte M. Sébastiani. — En quoi cette tactique est favorable à la Révolution. — En quoi elle est fatale à la monarchie. — Tout en invoquant les habitudes politiques de l'Angleterre, on s'en écarte. — On veut procéder par réaction au lieu de procéder par transition. — La ligne du *Journal des Débats* pendant le ministère Martignac est contradictoire. — Il se plaint de l'absolutisme de la prérogative royale, et il veut faire prévaloir l'absolutisme de la prérogative parlementaire. — Il rend un ministère de centre gauche nécessaire du côté de la chambre, impossible du côté du trône. — Il facilite la révolution en persuadant à tout le monde qu'elle est impossible.—Curieuses citations à ce sujet. — Ceux qui deux ans avant 1830 croient à une révolution, envoyés par *les Débats* à Charenton. — M. Cauchoix-Lemaire juge autrement la situation. — Anecdote relative à sa lettre à M. le duc d'Orléans.—Réquisitoire. 79

CHAPITRE XVIII.

SOMMAIRE : L'anarchie annoncée par M. de Martignac devient visible dans le feuilleton. — Symptôme littéraire d'une situation politique. — M. Janin au *Journal des Débats*. — Son talent était appelé par la nouvelle situation. — Appréciation du talent de M. Janin. — Il était né pour le journal. — Anecdote curieuse sur sa première jeunesse. — Il est dans la littérature ce que M. Thiers est dans l'éloquence. — Deux types intellectuels. — Quel est celui auquel M. Janin appartient. — Qualités et défauts de son style. — Il descend d'une lettre de madame de Sévigné et d'une page de Jean-Jacques. — Il rencontre la vérité et cherche le paradoxe. — Inconvéniens de sa manière. — Ces inconvéniens sont plus graves dans les livres. — A proprement parler, M. Janin n'a pas fait de livre. — Ce qu'il faut penser de *Barnave* et du *Chemin de Traverse*. — La véritable patrie de M. Janin est dans le journal. — Il est le champion de la littérature facile contre la littérature difficile. — Parallèle de Geoffroy et de M. Janin. — Ils répondent à deux situations différentes... 99

CHAPITRE XIX.

SOMMAIRE : Influence de la tactique du *Journal des Débats* sur la nomination du ministère du 8 août. — Il avait rendu à la monarchie le choix d'un bon ministère impossible. — Opinion de plusieurs membres du cabinet du 8 août sur leur situation. — Détails secrets et anecdotes sur l'intérieur de ce cabinet. — Opposition violente des *Débats*. — Célèbre article. — Malheureux Roi! malheureuse France! — Le *Journal des Débats* déféré aux tribunaux. — Il est condamné et il en appelle en cour royale. — Opposition systématique. — En quoi le *Journal des Débats* se rapprochait de l'école anglaise. — Origine et marche de cette école. — Jacques II et Charles X. — La révolution de 1688. — Le jésuitisme. — Hampden et le refus d'impôt. — Puissance d'une date et d'un parallèle. — En quoi les *Débats* se séparaient de l'école anglaise. — Quelle était leur raison pour s'en séparer.— Leur opposition n'était que plus dangereuse. — Attaques fardées de dévoûment. — Le *Journal des Débats* gagne son procès en cour royale. — Horoscope de Henri Dieudonné par M. Dupin. — Discours de M. Bertin. Réflexions sur ce discours. 121

CHAPITRE XX.

Sommaire : Mathieu Laensberg et le *Journal des Débats*. — Singulières prophéties de l'almanach pour 1830. — Dédaigneuses ironies du journal. — Il démontre de nouveau qu'un 1688 est impossible en France. — Déplorable situation du ministère du 8 août en face de cette terrible opposition. — Il n'a un peu de vie que dans les questions extérieures. — La question de la Grèce discutée en conseil. — Le prince Léopold refuse la couronne de ce pays. — Mot de M. le duc d'Orléans sur ce prince, auquel il ne consent point à donner sa fille.— Le prince Léopold est qualifié d'une manière sévère dans le conseil. — Révocation de la loi salique en Espagne. — Indignation de M. le duc d'Orléans et colère du *Journal des Débats*. — Question d'Alger. — Historique de cette question. — Pourquoi le ministère voulait prendre Alger. — Pourquoi le *Journal des Débats* et toute l'opposition voulaient empêcher cette conquête.— Une parole de M. Dupin. — Obstacles de tout genre que rencontre l'expédition d'Alger. — Le *Journal des Débats* conspire pour le Dey.— Réponses peu favorables de la marine. — Objections réfutées par deux jeunes officiers. — L'expédition résolue et proposée au Roi qui adopte l'avis du conseil. — Nouveaux obstacles. — Conduite de M. Duperré, on le menace de lui retirer le commandement. — Disposition du debors. — L'Angleterre seule élève des difficultés. — Réponses faites à ses notes. — Jamais le gouvernement royal n'a pris d'engagement à l'égard d'Alger. — L'opposition des journaux continue. — M. Duperré devient le favori du *Journal des Débats*. — Paroles franches adressées au Roi dans le conseil. —Une conversation de M. Sébastiani lui est rapportée.—Le Roi, renfermé dans un problème insoluble, signe les ordonnances. — Ses paroles avant de les signer.............. 155

CHAPITRE XXI.

Sommaire : La révolution de juillet éclate. — Conduite du *Journal des Débats*. — Il demande l'autorisation de paraître. — La révolution triomphe. — Anecdote sur une négociation secrète. — Vraisemblance de cette anecdote. — Le *Journal des Débats* se décide à rompre avec l'ancienne monarchie.— Souvenirs d'un ancien dévoûment.— Récapitulation des protestations de fidélité du *Journal des Débats*. — Paroles de M. Bertin devant le tribunal. — Serment d'amour à la légitimité fait le 21 février 1830. — Le 21 janvier de la même année le *Journal des Débats* s'était déclaré immuable dans les doctrines et les principes. — Le 4 août 1830, il déclare que la branche aînée a cessé de régner. — Le 8 août 1830, il combat l'opinion de ceux qui croyaient la royauté de Henri V possible. — Promesses faites au berceau de ce prince. — Comment elles furent tenues. — Un fait qui s'était présenté lors du meurtre du prince d'Enghien se représente. — M. de Châteaubriand sépare sa ligne de celle du *Journal des Débats*.................. 195

CHAPITRE XXII.

Sommaire : Situation morale du *Journal des Débats* depuis la révolution de 1830. — Résumé des mobiles qui ont présidé à sa conduite depuis sa fondation. — Anecdote sur la manière dont il fut fondé. — Ce qu'il coûta à M. Bertin. — L'égoïsme est toujours la règle de ses actions. — Appréciation de la lutte qui s'éleva entre lui et la royauté. — Inconvéniens qu'on pouvait reprocher à la Restauration. — Ces inconvéniens étaient plus que compensés par des avantages.

— Les abus n'étaient pas la cause véritable de l'opposition du *Journal des Débats.* — Ambition de l'aristocratie bourgeoise. — Cette ambition immola les grands intérêts du pays. — Futilité des motifs de l'opposition de quinze ans.— Motifs qui devaient engager à ne point pousser cette opposition à l'extrême. — Grands intérêts extérieurs du pays. — Situation favorable de la France au dehors. — Tableau diplomatique de l'Europe. — La Russie et l'Angleterre. —Le mouvement et l'immobilité. — Beau rôle que la France avait à jouer. — Le *Journal des Débats* contribua à jeter une révolution à l'encontre de cette situation. — Utilité de comparer le présent au passé........................ 209

CHAPITRE XXIII.

SOMMAIRE : Résumé de la situation de l'Europe. — Nouveaux détails. — Explication de la politique de l'Angleterre. — Grandeur matérielle et affaiblissement moral. — Comment la France a pu devenir complice de la politique du *statu quo.* — Sa situation en Europe a été changée. — Malveillance des puissances continentales. — Les traités de 1815 tacitement renouvelés. — La guerre devenue une éventualité fatale dénuée de chances de succès. — Ecueils dont cette situation est semée. — Fâcheuse position du pays reconnue par les deux hommes d'État qui représentent les deux nuances de l'ordre de choses actuel. — Aveux de MM. Thiers et Guizot dans une discussion récente. — Moralité de cette discussion. — Le Rhin empêche d'exercer aucune action sur les Pyrénées, les Pyrénées de pourvoir à aucun péril du coté du Rhin. — Qui faut-il rendre responsable de cette situation? — Est-ce le gouvernement de juillet? — Est-ce le parti révolutionnaire? — Le *Journal des Débats* doit surtout être accusé, parce qu'il a fait le mal en connaissance de cause. — Fin de cette histoire................. 241
CONCLUSION.. 285

FIN DE LA TABLE DU SECOND ET DERNIER VOLUME.

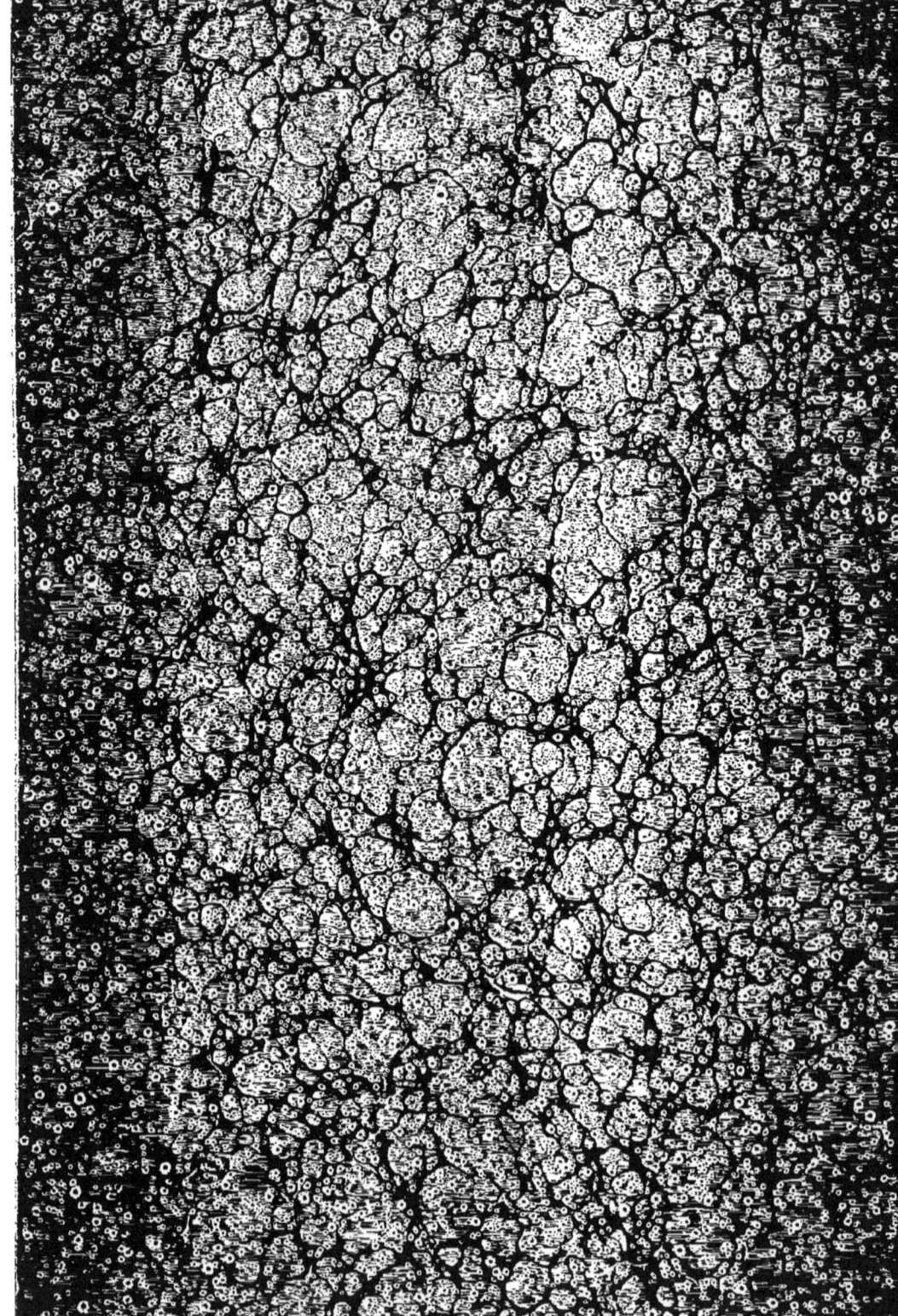

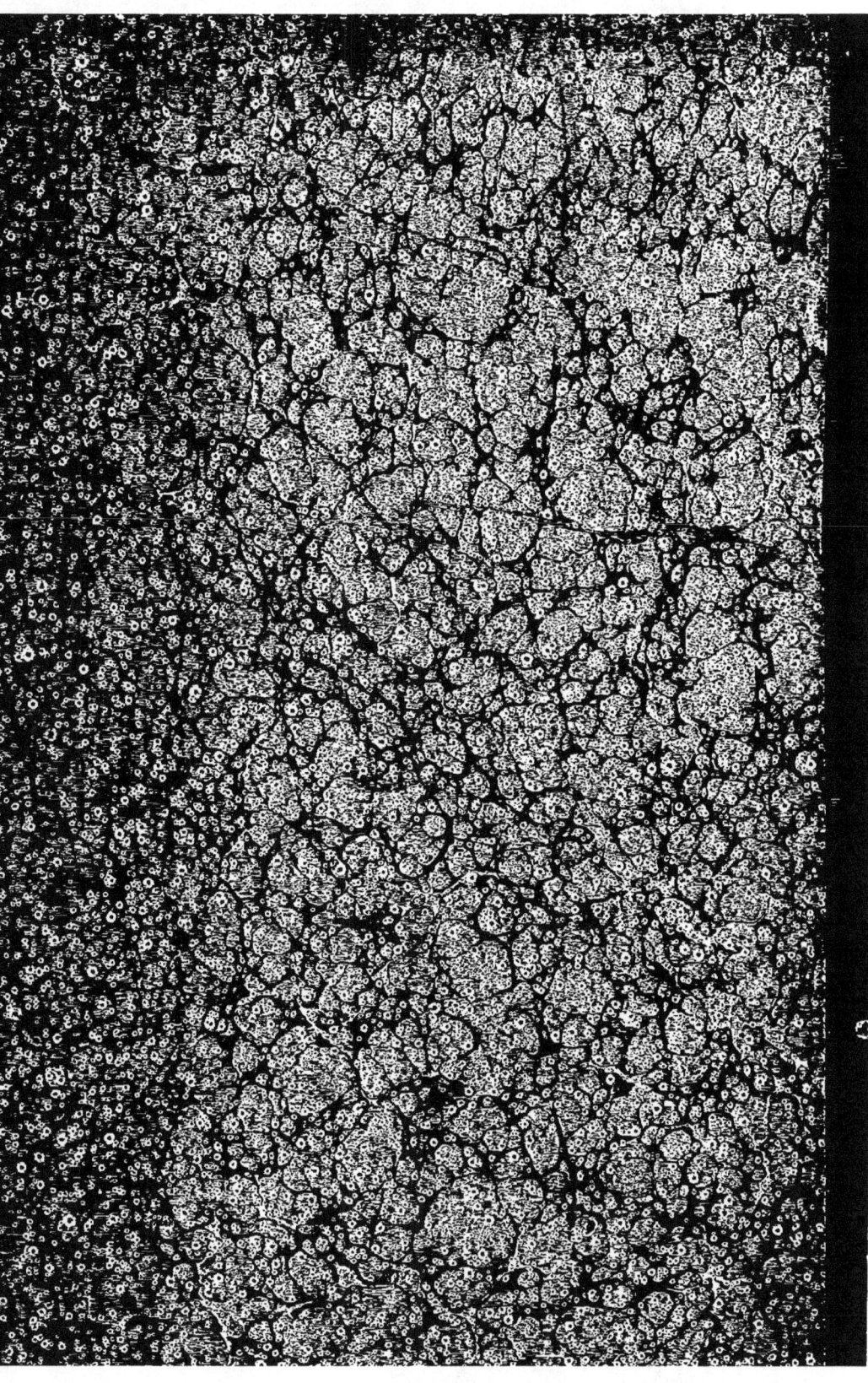